Sabine Asgodom

Wer lächelt, lebt länger

Sabine Asgodom

Wer lächelt, lebt länger

60 amüsante Anleitungen
für Glück und Erfolg
im Büro und anderswo

GABLER

Bibliografische Information Der Deutschen Bibliothek
Die Deutsche Bibliothek verzeichnet diese Publikation in der Deutschen
Nationalbibliografie; detaillierte bibliografische Daten sind im Internet über
<http://dnb.ddb.de> abrufbar.

1. Auflage September 2004

Alle Rechte vorbehalten
© Betriebswirtschaftlicher Verlag Dr. Th. Gabler/GWV Fachverlage GmbH,
Wiesbaden 2004

Lektorat: Maria Akhavan-Hezavei

Der Gabler Verlag ist ein Unternehmen von Springer Science+Business Media.
www.gabler.de

Das Werk einschließlich aller seiner Teile ist urheberrechtlich geschützt.
Jede Verwertung außerhalb der engen Grenzen des Urheberrechtsgesetzes
ist ohne Zustimmung des Verlags unzulässig und strafbar. Das gilt insbesondere für Vervielfältigungen, Übersetzungen, Mikroverfilmungen und
die Einspeicherung und Verarbeitung in elektronischen Systemen.

Die Wiedergabe von Gebrauchsnamen, Handelsnamen, Warenbezeichnungen usw. in diesem
Werk berechtigt auch ohne besondere Kennzeichnung nicht zu der Annahme, dass solche Namen
im Sinne der Warenzeichen- und Markenschutz-Gesetzgebung als frei zu betrachten wären und
daher von jedermann benutzt werden dürften.

Umschlaggestaltung: Nina Faber de.sign, Wiesbaden
Satz: Fotosatz L. Huhn, Maintal
Druck und buchbinderische Verarbeitung: Wilhelm & Adam, Heusenstamm
Gedruckt auf säurefreiem und chlorfrei gebleichtem Papier
Printed in Germany

ISBN 3-409-03408-0

Geleitwort

Meine erste Begegnung mit Sabine Asgodom fand 1998 auf einem Kongress von Sekretariat Seminare statt. Da stand auf der Bühne eine energiestrotzende Frau, die mit unvergleichlichem Humor und Charme über eine an sich desaströse Erfahrung sprach. Bei den Asgodom-Kennerinnen unter Ihnen bewirkt das Stichwort „Grünes Seidenkleid" sicher ein Lächeln. Was mich damals so beeindruckte, war die Art, wie Sabine Asgodom über ihre „Fehlleistung" erzählte, mit einer erfrischenden Distanz zu sich selbst und einem Augenzwinkern. Die Zuhörerinnen waren sichtlich begeistert, lachten Tränen.

Dann trafen wir uns im Januar 1999 wieder, als wir Sabine Asgodom als Herausgeberin der damals neu konzipierten Fachzeitschrift *working@office* gewinnen konnten. Ein ganz wesentlicher Bestandteil des Magazins ist seit der ersten Ausgabe natürlich Sabine Asgodoms Kolumne. Monat für Monat regt sie Leserinnen dazu an, innezuhalten, die Tagesarbeit einfach mal liegen zu lassen und dem hektischen Büroalltag zumindest für einen Moment zu entfliehen – oft begleitet von einem herzhaften Lachen. Anlässlich des fünfjährigen Jubiläums von *working@office* haben wir nun für Sie, liebe Leserinnen, alle Kolumnen in einem Buch zusammengefasst. Lesen Sie, warum die Zukunft weiblich ist, wie Fremde in die Muschel nuscheln, warum es an der Zeit ist, mehr Hingabe zu zeigen, und warum dem Sekretär nichts zu schwer ist.

Und nun wünschen wir Ihnen wie immer viel Vergnügen beim Lesen

Maria Akhavan
Chefredakteurin
working@office

Vorwort

Liebe Leserin, lieber Leser,

„Wer lächelt, lebt länger", ein gutes Motto, das man nicht nur im Office gebrauchen kann. Lachen stärkt das Immunsystem, lässt manches leichter ertragen und schafft Freunde. Deshalb war mir beim Schreiben der Kolumnen, die ich in den letzten fünf Jahren allmonatlich für die Zeitschrift *working@office* verfasst habe, wichtig, dass die Leser/innen auch etwas zu lachen haben. Und das konnten sie oft, wie mir viele Briefe bewiesen haben. „Woher kennen Sie mich?" begann manches Schreiben, oder: „Woher kennen Sie meinen Chef?"

Geschichten aus dem prallen Leben sind die meisten Stücke, ob sie direkt etwas mit der Berufswelt zu tun haben oder nicht. Renner in der Publikumsgunst waren die Handy-Geschichte im Zug, die Leihwagen-Story, meine Grillerlebnisse und natürlich meine Erfahrungen am Bügelboliden mit meinem Boxenluder auf dem Sofa. Noch nach Jahren werde ich darauf angesprochen.

Manche Kolumnen landeten mit Ausrufezeichen versehen auf dem Schreibtisch von Vorgesetzten, manche von dort aus mit noch mehr Ausrufezeichen versehen wieder auf dem Tisch der Mitarbeiterinnen. Manche wurden am schwarzen Brett ausgehängt, manche vervielfältigt und in Abteilungen verteilt, und einige wurden sogar auf Betriebsversammlungen verlesen. Das hat mich mit Stolz erfüllt. Es beweist, dass ein wichtiger Inhalt und eine unterhaltsame Form sich nicht ausschließen müssen. Und bestätigt mich in meiner Überzeugung, dass das Leben zu kurz ist, um sich beim Lesen zu langweilen.

Ich wünsche Ihnen als Erstleserin oder Wiederholungsgenießer, als Neuling oder Fan, dass Sie Spaß an diesen gesammelten Geschichten haben und ganz nebenbei etwas für Ihren beruflichen Erfolg mitnehmen.

Ihre
Sabine Asgodom

Inhalt

Geleitwort V
Vorwort VII
Die Zukunft ist weiblich 1
Glauben Sie niemals Ihrem Chef 5
Die Macht der Leidenschaft 9
Machen Sie sich das Leben leichter! 12
Wie ich das Aufräumen lieben lernte 15
Wenn das Glück uns Beine macht 18
Noch einmal davongekommen 21
Dem Sekretär ist nichts zu schwer 24
Sprechen Sie Denglisch? 27
Erfolg ist ganz schön anstrengend 30
Wenn Fremde in die Muschel nuscheln 33
Sind Männer wirklich so? 36
Handymaniacs sind überall 39
Sind Frauen wirklich so? 42
Advent, Advent, die Sonne brennt 45
Je oller, je doller! 48
Die Nein-Kur für die Ego-Figur 51
Tausche Handtasche gegen Mokkaservice! 54

Keine Angst vorm Fliegen	57
Sammelwut	60
Fettnapf, wo bist du?	63
Die Lust auf(s) Raten	66
Die Spur der Steine und anderen Urlaubserinnerungen	69
Vergesst die Liebe nicht!	72
Klagelied einer einsamen Chefin	75
Auf Tempojagd mit dem Bügel-Boliden	78
Ein bisschen Frieden ...	81
Fröhlich in fremden Betten	84
Das wäre Ihr Preis gewesen ...	87
Ich glaub, mein Hamster faxt	90
Rettet die Speisewagen!	93
Süßer Traumchef gesucht	96
Nur noch Grillen im Kopf	99
Wissen Sie, wo der Schuh drückt?	102
Machen Sie mal ein Date – mit sich selbst!	105
Benchmarking mit der Madonna-Methode	108
Kleider machen Top-Assistentinnen	111
Ein kleiner Übungskurs in Toleranz	114
Haben Sie dieses Jahr schon entrümpelt?	117
Taxifahren in Deutschland, ein Abenteuer	120
Her mit den herrlichen Herausforderungen!	123
Schluss mit dem ewigen Gejammere	126
Netzwerken wie die Profis	129
Tanzen Sie den Karriere-Tango	132
Mein Gott, sind wir alle wichtig!	135
Mit Uwe durch dick und dünn	138

Blaue Flecken gehören zum Erfolg!	141
Dein Leihwagen, das unbekannte Wesen	144
„Ich will doch einfach nur hier sitzen ..."	147
Noch einmal mit Gefühl	150
Gebt uns die Weihnachtsfeiern wieder!	153
Von Schokoladen-Seligkeit und Trostpralinen	156
Schwere Gliederkette mit Schwachstellen	159
Vorsicht, Zickenalarm!	162
Frühlingsgefühle	165
Gehören Sie auch zur Spießer-Avantgarde?	168
Hingabe – die Kunst, glücklich zu arbeiten	171
Das lustvolle Leiden am Lob	174
Die Sekretariatsolympiade – dabei sein ist alles!	177
Wer lächelt, lebt länger	181
Über die Autorin	185

Die Zukunft ist weiblich

"Office 2000", "Future Office", "Die Zukunft der Arbeit", "Büro 2000", "Secretary" – wohl noch nie gab es so viele interessante Veranstaltungen über die Zukunft der Büroberufe wie in diesem Jahr – kurz vorm Millenniums-Wechsel. Ich war auf fast allen Kongressen dabei und habe bei den Vorträgen zum Thema Zukunftsentwicklung ganz besonders gut zugehört. Denn natürlich interessiert mich als Herausgeberin von *working@office*, welche Prognosen Fachfrauen und -männer für die berufliche Zukunft unserer Leserinnen aufstellen.

Um die Ergebnisse der Referate, die ich hören konnte, zusammenzufassen, möchte ich die bayerische Weisheit zitieren: "Nix Gnaues woaß ma net!" Die Zukunftsszenarien drehten sich, wenn man genau hinhörte, doch meistens ganz allgemein um die Wirtschaft; mit dem Officebereich speziell befassten sich die wenigsten Redner. Deshalb waren für mich die Diskussionen in Workshops und Kaffeepausen mit den anwesenden "Expertinnen" genauso interessant: mit Sekretärinnen, Assistentinnen und Office Managerinnen, mit den Inhaberinnen von Sekretariatsservice-Unternehmen und Trainer/innen. Denn in den Erfahrungsberichten der Praktikerinnen zeichnen sich Trends, umfassende Veränderungen und Erfahrungen sehr wohl ab. Die Frauen konnten sachlich und überzeugend die theoretischen Ausblicke auf ihre Arbeitswirklichkeit spiegeln. Ich habe aus all den Studien, Berichten und Diskussionen drei Prognosen aufgestellt, wie ich die Zukunft der Officeberufe sehe:

Erste Prognose: Das Image und die Kompetenz der "Frau im Vorzimmer" verändert sich noch einmal beträchtlich. Eine Ursache für das Imageproblem der Sekretärinnen lag in den letzten Jahrzehnten ja auch darin, dass sie ihren Beitrag zur Wertschöpfung nicht belegen konnte. Wie sollte sie ihren Anteil am Unternehmenserfolg bewerten oder gar beweisen? An der Anzahl der geschriebenen Briefe oder der Tonnen Kaffee? An der Summe der Streicheleinheiten für Vorgesetzte und Mitarbeiter oder an der Masse der guten Ideen, die sie selbstlos weitergab? Diese Beweislast ist für Sekretärinnen und Assistentinnen nicht mehr notwendig. Mit der Veränderung unserer Produktionsgesellschaft in eine Dienstleistungsgesellschaft (1/3 zu 2/3) hat sich der Wert der Dienstleistung ganz allgemein erhöht; und mit der „Entdeckung" der Kommunikation wird die Bedeutung der „Schaltstelle Büro" für den Unternehmenserfolg immer deutlicher. Dazu kommt: In Projektgruppen und Teams übernimmt die Office Managerin immer häufiger die Rolle der Moderatorin, der Kommunikationszentrale und der Drehscheibe für den Informationsaustausch.

Was noch vor wenigen Jahren als weibliche Eigenart der „Mädchen für alles" oder „treuen Seelen" mild belächelt wurde, bekommt heute den Stempel „zukunftstauglich" – emotionale Intelligenz, soziale Kompetenz, Einfühlungsvermögen, Intuition oder Bauchgefühl. Diese soft skills, die „weichen" und der weiblichen Seite des Menschen zugeordneten Fähigkeiten werden stärker als je zuvor für den Unternehmenserfolg ausschlaggebend sein.

Das gilt vor allem für die Kommunikation mit Kunden, Geschäftspartnern und Mitarbeitern. Denn die erste Prognose für das nächste Jahrtausend lautet: Die Produkte werden immer ähnlicher, die Bandbreite der Preisgestaltung wird noch enger – das heißt, in Zukunft werden die Ansprache und der Umgang mit den Kunden immer wichtiger, ob direkt, am Telefon oder per E-Mail. Und wer ist besser präpariert für die hochgelobte „Kundenorientierung" als das Kommunikationstalent im Sekretariat? Bei allen verdienten Lorbeeren können Sekretärinnen und Assistentinnen aber durchaus noch etwas für ihren „Vorsprung durch Kommunikation" tun: indem sie ihr Selbstbewusstsein dem neuen Selbstverständnis anpassen, also auch innerlich ihre „Managerinnen-Funktion" wahrnehmen.

Die Botschaft des nächsten Jahrtausends an die Frau im Office lautet: Erkenne die Managerin in dir! Das heißt, selbstsicher ihre Fähigkeiten signalisieren und Verantwortung übernehmen.

Die Botschaft des nächsten Jahrtausends an die Frau im Office lautet: Erkenne die Managerin in dir! Das heißt, selbstsicher ihre Fähigkeiten signalisieren und Verantwortung übernehmen. Das heißt manchmal auch, den „Schritt über die rote Linie" wagen, Kompetenzen fordern und annehmen, Neues ausprobieren, die eigene Position neu definieren und festigen. Den eigenen Platz finden und behaupten.

Zweite Prognose: Telearbeit wird zwar in den nächsten Jahren eine große Rolle spielen, aber das Szenario des virtuellen Unternehmens, in dem jeder daheim an seinem PC sitzt und Kommunikation nur noch von Bildschirm zu Bildschirm läuft, scheint mir unrealistisch. Hauptgrund: Kommunikation und Kreativität bleiben bei dem kollektiven Solo-Trip auf der Strecke.

Telearbeit wird es in Zukunft Einzelnen ermöglichen, zeitweise aufs Home Office auszuweichen, entweder weil sie dort in Ruhe Aufgaben erledigen können, weil sie damit das tägliche Pendeln und damit lästige Staus vermeiden, oder weil sie aus ihrer persönlichen Interessenlage diese Arbeitsform wählen, zum Beispiel während Erziehungszeiten. Der Austausch mit den Kollegen im Unternehmen wird weiterhin notwendig sein und vor allem – er muss noch besser organisiert werden als bisher: Meetings müssen vorbereitet werden, mit regelmäßigen Protokollen und Berichten muss der gleiche Informationslevel bei allen Beteiligten gewährleistet werden, Entscheidungen und Ziele müssen kommuniziert werden, Projektteams müssen koordiniert und moderiert werden. Telearbeit wird die Arbeit von Sekretariats-Dienstleistung nicht überflüssig machen – im Gegenteil.

Was können Frauen tun, um sich für die virtuelle Zukunft vorzubereiten? Sie sollten als Erstes – wenn überhaupt vorhanden – die Furcht vor der technischen Entwicklung abschütteln. Auch durch die Metamorphose von der Kugelkopfmaschine zum Computer wurden qualifizierte Office-Kräfte nicht überflüssig. Heute gelten Mitarbeiterinnen im Office als die Speerspitze der Computerelite: Sie beherrschen die Software-Programme (und wie sollte Ihr Chef ohne Sie seine E-Mails lesen?).

Sekretariate werden die Kommunikationsinseln sein, auf denen sich Teleworker Informationen holen.

Dritte Prognose: Die hervorragend ausgebildeten und qualifizierten Frauen im Officebereich können gelassen ins nächste Jahrtausend gehen.

Globalisierung wird uns oft als Menetekel für Probleme und Niedergang hingestellt. Zu viele jammern über den Standort Deutschland und beschwören die industrielle Revolution der so genannten Billiglohnländer. Abgesehen davon, dass wir nun einmal nicht mehr im lokalen Dorf, sondern in einer globalen Weltmetropole leben, hält das Jammern lediglich vom Handeln ab. Für den Officebereich, da bin ich ganz sicher, bringt die Globalisierung neue interessante Aufgaben: Sie bedeutet noch mehr Kommunikation mit Menschen in aller Welt. Und wer ist besser auf die neuen, weltweiten Verbindungen eingestellt als die Mitarbeiterin, die jetzt schon zwei oder mehr Fremdsprachen spricht? Oder die selbstverständlich schon einige Zeit im Ausland gearbeitet hat? In meinen Workshops treffe ich regelmäßig auf solche Zauberfrauen aus dem Office! Hut ab!

Wenn Sie überlegen, wie Ihr persönliches Fitness-Programm für das nächste Jahrtausend aussehen könnte, sollten Sie vor allem darauf achten, dass Sie Ihre kommunikativen Fähigkeiten verbessern, auch in anderen Sprachen. „Lifelong learning", die lebenslange Weiterqualifizierung, gehört zum Profil der Office Managerin 2000.

Die Prognosen auf einen Nenner gebracht: Frauen, die im Büro arbeiten, sei es als Sekretärin, Assistentin, Office Managerin, Sachbearbeiterin oder als Dienstleistungs-Unternehmerin, können ganz relaxt in die Zukunft schauen. Denn: Die Zukunft gehört der weiblichen Sicht der Dinge, der Ganzheitlichkeit und der Sensibilität. Was früher schwere Maschinen mit hohem Energieeinsatz für ein Unternehmen bedeuteten, sind heute Menschen, die ihre Energie klug und achtsam einbringen, so wie Sie.

Glauben Sie niemals Ihrem Chef

„Bitte buchen Sie die Flüge möglichst knapp", hatte ich meine Mitarbeiterin gebeten, „ich muss noch so viel im Büro erledigen." Und jetzt saß ich schwitzend und mit rasendem Puls in einem Taxi, das mit 180 vom Frankfurter Flughafen in die Innenstadt raste. Woher hätte ich wissen sollen, dass der Flieger aus München mehr als eine Stunde Verspätung haben würde – und das vor einem wichtigen Live-Auftritt im Hessischen Fernsehen? Fassungslos hatte ich zusehen müssen, wie die Zeit verrann, während wir über dem Taunus kreisten. Als wir auf der Landebahn aufsetzten, hatte ich noch genau 19 Minuten bis zur Sendung.

Im wilden Galopp raste ich durch den Flughafen, schmiss mich ins erstbeste Taxi und brachte noch mühsam hervor: „In 13 Minuten beginnt eine Fernsehsendung, in der ich Gast bin. Bitte tun Sie, was Sie können." Während ich per Handy die völlig aufgelöste Redakteurin informierte, raste er los. Der Taxifahrer war ein wirklicher Held, und die Herausforderung reizte ihn: Er schaffte die Strecke in elf Minuten, neuer Weltrekord, schätze ich. Eine Minute vor Beginn des Auftritts stürzte ich ins Funkhaus, bekam auf dem Flur eine Puderquaste ins Gesicht und im Studio ein Mikrofon in die Hand gedrückt. Und dann: „Achtung, Sendung". Während mir das Wasser den Rücken hinunterlief, mein Herz bis in den Hals schlug und ich nach Worten rang, schwor ich mir, nie wieder so knapp zu kalkulieren und in Zukunft auf meine Mitarbeiterin zu hören. Sie hatte natürlich gefragt: „Meinen Sie nicht, dass das etwas eng werden könnte?"

Deshalb mein Rat an Sie, liebe Office-Mitarbeiterinnen: Glauben Sie niemals Ihrem Chef oder Ihrer Chefin. Und lassen Sie sich um Himmels willen nicht dazu verleiten, gegen besseres Wissen seinen/ihren Wünschen zu folgen. Ich weiß, dass viele „Bestimmer" sich nicht gern in ihre Entscheidungen hineinreden lassen. Aber sie brauchen manchmal Beschützerinnen vor sich selbst.

Ich erinnere mich noch an den tollen Tipp meiner Freundin Susanne: „Du, wenn du mal wieder in Hamburg bist, musst du unbedingt in diesem kleinen, entzückenden Hotel wohnen, da draußen im Grünen. Du, das ist so süß, du wirst es lieben!" Also ließ ich mich beim nächsten Hamburg-Trip im Hotel Flora einchecken. Gegen die Bedenken meiner Assistentin, dass es doch ganz schön außerhalb sei.

Und das war untertrieben. Das Taxi brauchte jedesmal eine Dreiviertelstunde zu meinen Geschäftsterminen in der City und wieder zurück. Im Nachmittagsstau sogar noch länger. Natürlich war das Hotel wirklich entzückend mit seinen gerade mal 12 Zimmern, rüschenrosig eingerichtet. Aber es gab weder Mini-Bar noch Room-Service. Gnädigerweise durfte ich eine Flasche Selters an der Rezeption erstehen, als ich spät abends hungrig und hundemüde zurückkam. Auf dem Zimmer gab es eine einzige Steckdose, an der die funzelige Nachttischlampe angeschlossen war. Wer denkt denn an so etwas? Seither gibt es für mich in Hamburg nur noch zwei Alternativen: das Renaissance oder das Park Hyatt, beide mitten in der City, luxuriös und mit exzellentem Service.

Und zwar nicht nur, weil man sich ja sonst nichts gönnt, sondern weil ich zum Arbeiten unterwegs bin, weil ich mich zwischen anstrengenden Terminen erholen muss, eine Runde schwimmen will, Telefon und Fax brauche, miefige Hotelflure hasse und Zimmer, in denen ich freiwillig keine Stunde meines Lebens verbringen möchte. Und das ist mir den höheren Preis wert.

Lassen Sie sich nicht beirren, Sie sind die Expertin für Organisation und Event-Management, Sie wissen aus Erfahrung, was geht und wovon man lieber die Finger lassen sollte.

Das gilt auch für Veranstaltungen. Wie oft werden nur „halbgute" Lösungen gebucht – aus Preisgründen. „Das passt schon!", meint mancher Chef und lässt die Geschäftspartner in ein Hotel einladen, in das er mit seinen privaten Freunden niemals auch nur einen Fuß setzen würde. Und Sie als Assistentin oder Organisatorin haben dann alle Hände voll zu tun, vor Beginn der Veranstaltung den Bankett-Service dazu zu bringen, wenigstens die Gardinen, die nur noch an wenigen Rollen wie Fetzen in den Leisten hängen, zu richten oder für gescheites Licht zu sorgen. Sie müssen sich kümmern, dass die schriftlich zugesagte Technik tatsächlich zur Verfügung steht und auch die sonstigen Abmachungen eingehalten werden. Welcher Nervenstress für die paar Mark, die man sparen wollte! Und Sie haben das alles vorher gewusst, aber ...

Lassen Sie sich nicht beirren, Sie sind die Expertin für Organisation und Event-Management, Sie wissen aus Erfahrung, was geht und wovon man lieber die Finger lassen sollte. Das gilt auch für Billigangebote beim Transport: München – Berlin nur 149 Mark, Economy natürlich und nicht umbuchbar, und wehe man kommt nicht pünktlich zum Einchecken, dann wird man nämlich seit neuestem gnadenlos auf den nächsten Flieger gebucht! „Pech gehabt, die Warteliste wurde schon vorgezogen." Oder im Zug: 2. Klasse muss reichen, schließlich soll die Firma sparen. Aber was, wenn das Meeting länger dauert als geplant? Dann verfällt der reservierte Platz, und im nächsten Anschlusszug steht Ihre Chefin zwischen feiernden Bundeswehrlern drei Stunden auf dem Gang.

Was glauben Sie, mit welcher Laune die am nächsten Tag durch Ihr Zimmer rauscht? Auch wenn die Chefin am Vortag noch lauthals auf die Bundesbahn geschimpft hat, heute bekommen Sie den Ärger ab, schließlich haben Sie ihr die Reise gebucht, und Sie hätten doch wissen müssen ...

So wie nur Sie wissen, was es heißt, in Hannover zur CeBIT oder in Frankfurt zur Buchmesse ein Hotelzimmer zu bekommen. Hören Sie nicht auf Ihren optimistischen Vorgesetzten, der sagt: „Mit Hannover warten wir noch mal, ich weiß noch nicht genau, wie viele Tage ich hinfahre." Oder: „Ich habe da eine prima private Möglichkeit zu wohnen, ein alter Studienkollege von mir ..." Sie wissen es besser. Und haben die Reservierung mit Stornomöglichkeit schon vor zwei Jahren erledigt.

Glauben Sie Ihren Vorgesetzten aber auch in Kleinigkeiten nicht alles! Geschäftsbesuch ist angesagt: „Soll ich für mittags bei Giovanni einen Tisch reservieren?" „Ach wo", winkt der Chef ab, „ich glaube nicht, dass die überhaupt so lange bleiben." Um kurz vor eins kommen alle in aufgeräumter Stimmung aus dem Konferenzraum, und Ihr Chef ruft Ihnen im Vorbeigehen strahlend zu: „Rufen Sie mal schnell bei Giovanni an? Wir gehen jetzt rüber, einen Tisch für fünf Personen bitte!" Sie haben es doch gewusst – und hoffentlich bereits reserviert, so auf Verdacht.

Oder: Der Chef muss eine Rede halten. Kommt aber natürlich nicht dazu, sie vorzubereiten, viel zu viel Stress: „Nee, da machen wir kein großes Aufheben. Ach, wissen Sie, auf der Fahrt mache ich mir ein paar Stichworte." Und zwei Stunden vorher wird ihm plötzlich klar (weil er erstmals in die Einladung guckt), in welchem Rahmen er sprechen muss und welche hochkarätigen Leute zuhören. Sein Schrei ertönt: „Frau Müller!!!!!!!!" Wie gut, dass Sie es besser wussten und schon mal ein paar Folien zum Thema zusammengesucht haben und sich in der Marketingabteilung die neuesten Zahlen besorgt haben. Ein gutes Gefühl, ey?

Ich möchte an Assistentinnen oder Sekretärinnen nicht den Anspruch stellen, dass sie Gedanken lesen oder hellsehen können, aber die Fähigkeit, für andere

7

(ihren Teampartner) mitdenken zu können, halte ich für die Schlüsselqualifikation einer erfolgreichen Office Managerin. Wissen Sie, welchen Satz Chefinnen und Chefs von ihren Mitarbeiterinnen am allerliebsten hören? „Ist schon erledigt!"

Mit dieser Zauberformel bringen Sie Herzen zum Schmelzen, Wackersteine zum Fallen und verdienen sich eine geradezu glühende Dankbarkeit. Nicht umsonst sagen die meisten Führungskräfte: „Ohne Sekretärin wäre ich verloren." Das ist kein falsches Lob, sondern nüchterne Realität. Und wissen Sie, was Ihr Chef/Ihre Chefin noch an Ihnen schätzt? Dass Sie niemals sagen: „Ich habe es Ihnen doch gleich gesagt!" Dafür lieben sie Sie!

Die Macht der Leidenschaft

Vor einigen Jahren wurden deutsche Unternehmensberater gefragt, wie hoch sie den Anteil von Beschäftigten „in der inneren Kündigung" einschätzen, also von Menschen, die sich in ihrem Job nur noch langweilen, Dienst nach Vorschrift machen, auf die Rente warten oder innerlich längst auf dem Absprung sind. Und die Antwort ist kaum zu glauben: Auf zwei Drittel aller Arbeitnehmer schätzten die Befragten diesen Anteil. Ganz unabhängig davon, ob diese Einschätzung nun exakt den tatsächlichen Zahlen entspricht: Wir merken es doch tatsächlich jedem einzelnen Menschen an, mit wie viel Spaß, Begeisterung, ja Leidenschaft er seine Arbeit erledigt. Und dieses Engagement merkt man auch dem Erfolg seiner Anstrengungen an. Dies gilt übrigens völlig unabhängig von der Art der Arbeit oder von der Hierarchiestufe.

Ein negatives Beispiel kann meine Freundin Monika erzählen. Auf einem Stadtbummel sah sie im Schaufenster einer Boutique genau die Lederjacke dekoriert, die sie immer schon haben wollte. Sie betrat das Geschäft, ging auf den Ständer mit den Lederjacken zu und merkte, dass nur die Jacke im Schaufenster die richtige Größe hatte. Sie machte die Verkäuferin darauf aufmerksam und bat sie, ihr die Jacke aus dem Fenster zu holen. Die Verkäuferin sah sie irritiert an, zuckte mit den Schultern und sagte aufreizend gelangweilt: „Ja, glauben Sie, dass ich wegen Ihnen die Jacke aus dem Fenster hole?"

Ziemlich fassungslos verließ meine Freundin das Geschäft, in dem sie beinahe mehrere Tausend Mark gelassen hätte – so viel hätte nämlich das gute Stück gekostet. Wir haben seither häufig über die (fehlende) Motivation der Verkäuferin diskutiert, die:

a) offensichtlich nicht die Besitzerin war,
b) sehr wahrscheinlich nicht am Umsatz beteiligt war,
c) aber auch nicht kapiert hatte, dass sie ihren Arbeitsplatz mit ihrer Arroganz gefährden könnte. Denn ohne Umsatz ist irgendwann auch der langweiligste Job weg.

Dezember 1999

Das positive Beispiel gleich hinterher: Niemals werde ich den Taxifahrer vergessen, der mich einmal in Salzgitter-Bad vom Bahnhof zu meinem Seminarhotel etwas außerhalb fuhr und der auf der ganzen Fahrt mit leuchtenden Augen von der schönen Gegend schwärmte. Er hätte jahrelang in Berlin gelebt, würde aber diesen Flecken Erde hier gegen nichts mehr eintauschen. Ganz besonders empfahl er mir „diesen einmaligen Blick auf die Stadt" von einem Aussichtsturm, der sich oberhalb des Hotels auf einem Berg befand. Das Wetter war herrlich, ich hatte vor dem Seminar noch etwas Zeit. Und deshalb stieg ich, animiert, wie ich war, tatsächlich den Berg und den Aussichtsturm empor. Ziemlich atemlos kam ich oben an und sah, na ja, eben auf Salzgitter hinab. Ich weiß nicht, ob Sie Salzgitter kennen? Also es sieht aus – wie Salzgitter. Ehrlich gesagt etwas enttäuschend, für jemanden, der die Zugspitze oder den Wendelstein vor der Haustür hat wie ich. Doch schwerer als die Enttäuschung wog die Faszination über die Begeisterung des Taxifahrers. Noch heute bewundere ich ihn, dass er mich allein durch seine Schilderungen dazu gebracht hatte, mich anzustrengen und den Berg zu erklimmen (geschadet hat es ja auch nichts).

Ich bewundere generell Menschen, die sich und andere begeistern können. Nun müssen wir nicht jeden Tag Fanfaren ertönen lassen, nur weil wir ins Büro dürfen, müssen nicht den ganzen Tag Purzelbäume schlagen, nur weil wir unseren Job so lieben. Natürlich dürfen wir durchaus mal fluchen, wenn uns Routinearbeiten langweilen, dürfen auch mal jammern, wenn Hektiker uns zum Rotieren bringen.

Bewundernswert: Menschen, die sich und andere begeistern können. Nur wer Spaß an seiner Arbeit hat und die Lust an guten Leistungen genießen kann, ist auch wirklich gut.

Doch insgesamt sollte – übers Jahr verteilt – die Leidenschaftsbilanz im positiven Bereich liegen. Denn: Nur wer Spaß an seiner Arbeit hat, Anerkennung bekommt und die Lust an guten Leistungen genießen kann, ist auch wirklich gut. Wer mit Leidenschaft bei der Sache ist, braucht nicht die Tage zu zählen bis zum nächsten Urlaub oder dem Vorruhestand, bekommt am Sonntagabend nicht den „Wochenanfangs-Blues".

Wie schön, wenn wir solche Menschen um uns herum haben, die uns mit ihrer Begeisterung anstecken, deren Leidenschaft auch uns Lust auf Erfolg macht. Ich spüre das beispielsweise schon, wenn ich an der Pforte eines Unternehmens abgeholt werde, in dem ich einen Vortrag oder einen Workshop halte.

Meistens handelt es sich bei der Abholerin um eine Direktions- oder Vorstandssekretärin, die mich zum Veranstaltungssaal begleitet. Wenn sie gute Laune ausstrahlt, macht mir das schon Lust aufs Unternehmen. Wenn sie mich anlacht, freue ich mich auch auf die anderen Mitarbeiter/innen. Und gehe dementsprechend fröhlich in die Veranstaltung. Mit meiner positiven Ausstrahlung kann ich dann wiederum die Zuhörer/innen begeistern. So wie man sagt, dass ein Flügelschlag eines Schmetterlings schon einen Wirbelsturm auslösen kann, so kann also das Lächeln einer zufriedenen Mitarbeiterin eine Positivspirale auslösen, von der alle profitieren.

Machen Sie sich das Leben leichter!

„Das Leben ist hart, doch ich bin Herta." Diesen Spruch entdeckte ich vor kurzem an einer Büro-Pinnwand. Kennen Sie auch Menschen, die sich schon morgens schwer seufzend auf ihren Bürostuhl fallen lassen? Ihre ganze Körperhaltung sagt: „Ach, das Leben ist so schwer!" Aber es stimmt nicht – das Leben ist leicht, macht Spaß, ist ein Vergnügen. Wenn, ja wenn wir es uns nicht selbst schwer machen.

„Simplify your life", heißt ein Buch, das vor einiger Zeit in den USA zum Bestseller wurde. Mach dein Leben leichter, das ist ein guter Vorsatz, den ich Ihnen und mir zum neuen Jahr wünsche. Denn das Leben ist zu kurz, um uns unnötige Sorgen zu machen, unsere Lebensfreude einzuschränken, Trübsal zu blasen. Das heißt nicht, alles auf die leichte Schulter nehmen, Job, Familie, Verpflichtungen. Aber es bedeutet zu lernen, ein unvollkommener Mensch in einer unvollkommenen Welt zu sein – und trotzdem glücklich. Hier fünf gute Vorsätze, wie wir uns das Leben leichter machen können:

In einem Beratungsgespräch saß mir vor einiger Zeit eine Frau gegenüber. Ich musste immer wieder auf ihre rechte, elegant manikürte Hand schauen, da dort ein Finger offensichtlich verkürzt war. Bis ich plötzlich bemerkte, dass der Finger keineswegs amputiert war, sondern dass sie ihn nach innen eingeknickt hielt. Und wissen Sie warum? Weil der Fingernagel abgebrochen war und sie sich offensichtlich dafür schämte. Welche Energie musste sie wohl aufbringen, um während unseres ganzen Gesprächs diesen „Makel" vor mir zu verbergen. Andere versuchen verzweifelt, kleine Fehler zu vertuschen, die sie gemacht haben, weil sie sich so schämen. Hey, Girls, das Leben ist zu kurz, um wegen eines abgebrochenen Fingernagels, einer Laufmasche oder wegen eines Fehlers im Brief mehr als eine Minute lang zu trauern! Erster wirklich guter Vorsatz: Zügle deinen Perfektionswahn!

Auf dem Züricher Flughafen suchte ich neulich den Shuttlebus zu meinem Hotel. Eine Gruppe junger Männer stand vor den Bussen herum und einer sprach mich an, ob er mir helfen könnte. Aus einer Mischung aus „Rühr-mich-nicht-an" und Unsicherheit lehnte ich ab: „Nein danke, ich finde schon ..." Ich zog meinen schweren Koffer den Gehweg entlang, entdeckte aber nirgends meinen Bus. Kleinlaut kam ich zu der Gruppe zurück und fragte jetzt doch nach dem Shuttle. „Ja, der ist gerade hier weggefahren, ich hatte Sie doch gefragt ...", antwortete derselbe Mann verwundert. Oft machen wir uns selbst das Leben schwer, weil wir denken, alles allein schaffen zu müssen. Bloß nicht um Hilfe fragen, uns bloß niemandem anvertrauen, kleine, starke Frau. Wer weiß, welche Hintergedanken der andere hat. Hey, Girls, das Leben ist zu kurz, um alle Last allein zu tragen. Zweiter wirklich guter Vorsatz: Bitte um Hilfe, wenn du welche benötigst!

> **Hey, Girls, das Leben ist zu kurz, um wegen eines abgebrochenen Fingernagels, einer Laufmasche oder wegen eines Fehlers im Brief mehr als eine Minute lang zu trauern!**

„Ich würde euch ja gern mal zu uns einladen, aber wir müssen erst die Wohnung renovieren, ja?", sagte eine Kollegin zu mir (es kam übrigens nie dazu, wir trafen uns immer nur zum Essen im Restaurant). Freunde sind eine der wichtigsten Sachen im Leben. Aber wie oft schieben wir Treffen mir ihnen auf, weil wir ja so wahnsinnig viel zu tun haben, oder weil nicht aufgeräumt ist oder wir nichts Besonderes zum Essen im Hause haben. Erinnern Sie sich an die Zeit, als Sie noch sehr jung waren? Wir saßen mit unseren besten Freundinnen mitten in unserem Jugendzimmer-Chaos, tranken Tee und waren glücklich. Oder wir brachten nach dem Kino Freunde mit nach Hause, es wurden Spaghetti gekocht und mangels anderer Zutaten aßen wir sie mit Butter oder Ketchup – und waren glücklich! Wo ist die Spontaneität hin, die Freude an den anderen? Erinnern wir uns nicht mehr, wie gut es tut, mit ihnen zu lachen oder zu weinen, zu spielen oder zu diskutieren, bis die Köpfe rauchen? Hey, Girls, das Leben ist zu kurz, um Freunde nur einzuladen, wenn alles „perfekt" ist. Dritter wirklich guter Vorsatz: Lebe mit deiner Unvollkommenheit und nutze die Stunde.

Eine Freundin von mir hat sich vor einem Jahr selbstständig gemacht. Ich weiß aus eigener Erfahrung, dass das nicht ganz einfach ist. Aber sie sah nach wenigen Monaten zum Erbarmen aus, erschöpft, bleich, fahrig. Der Grund: Sie trieb Raubbau mit ihren Kräften. Nicht nur, dass sie von morgens bis abends schuftete, sie putzte nach einem langen Tag sogar noch ihren Laden selber. Erst als sie sich traute, eine Reinigungskraft einzustellen und sich stundenweise jemanden für die Büroarbeit zu „leisten", ging es wieder bergauf. Ich kenne viel zu viele erfolgreiche Frauen, die glauben, es sei unmoralisch, sich Arbeit gegen Geld abnehmen zu lassen. Hey, Girls, das Leben ist zu kurz, um unsere Wochenenden mit Fensterputzen und der ewigen Bügelwäsche zu verbringen. Vierter wirklich guter Vorsatz: Wenn du erfolgreich werden willst, lerne delegieren!

In einem Unternehmen, in dem ich öfter zu tun habe, gibt es einen äußerst mürrischen Pförtner. Auf meinen freundlichen Gruß antwortet er nur mit einem Grunzen. Anfangs habe ich mich darüber geärgert, aber dann gemerkt, es tut mir nicht gut, wenn ich mir seine schlechte Laune „anziehe". Jetzt laufe ich jedes Mal strahlend an ihm vorbei und nehme ihn bewusst nicht mehr wahr. Hey, Girls, das Leben ist zu kurz, um uns unser sonniges Gemüt verdunkeln zu lassen. Fünfter wirklich guter Vorsatz: Ärgere dich nicht über Dinge, die du nicht ändern kannst!

Wie las ich einmal in der US-Cosmopolitan: Du kannst im Leben nicht immer Tango tanzen, aber du verdienst mehr Liebesbriefe und duftenden Flieder. Ja, hey, das stimmt! Das ist ein Spruch für die Pinnwand.

Wie ich das Aufräumen lieben lernte

Können Sie sich den Geruch von altem, morschem Papier in Erinnerung rufen, von vergilbten Blättern, die schon beim vorsichtigen Anfassen brechen? Ich liebe diesen Geruch. Er hat mich mein Leben lang verfolgt. Als Kind wuchs ich in einem alten Schulhaus auf. Und im Sommer spielten wir manchmal auf dem Speicher, wo Staub in Kaskaden im Sonnenlicht funkelte, das durch die Dachschrägen fiel. Dort waren alte Landkarten gelagert und Bücher und uralte Kladden. Meistens spielte ich mit meinen Freundinnen Schule, gleich neben einem großen Pappplakat, auf dem ein alter Mann zu sehen war mit einem seltsamen Namen (ich las damals achtjährig: Go-e-the). Der Duft nach altem Papier auf einem heißen Speicher, mit Holzdielen und Spinnweben in den Dachsparren, setzte sich in meiner Nase fest. Ich erschnupperte ihn wieder, als ich mit 14 die Leihbücherei unseres Dorfes betreute. Während ich Abend für Abend auf Lesehungrige wartete, blieb genug Zeit, die Bibliotheksregale von links oben nach rechts unten selbst einmal quer durchzulesen. Und wieder roch es morbide-papierig aus manchen der alten Schinken („Desiree", „Vom Winde verweht", „Krieg und Frieden").

Während meiner Ausbildung in München jobbte ich in der Ablage einer Versicherung, Abteilung Leben. Jeden Morgen bekam ich einen großen Stapel Briefe von Versicherten ausgehändigt und musste die dazu gehörenden Versicherungsunterlagen heraussuchen. Und wieder stieg aus den alten Hängemappen dieser unglaubliche Duft – nach vergilbtem Papier und alter Tinte, nach Vergänglichkeit.

Gerade neulich stieg mir wieder der Duft alten Papiers in die Nase. Endlich hatte ich einmal Zeit gefunden, einige Kartons, die noch von meinem letzten Büroumzug in einer dunklen Ecke im Flur standen, aufzuräumen. Ganz tief steckte ich meine Nase in einen dieser Kartons und sog diesen köstlichen Geruch ein. Zerknitterte Briefe förderte ich dann zum Vorschein, Prospekte, Notizen und jede Menge vergilbte Faxe. Kaum ein, zwei Jahre alt, auf empfindlichem Rollenpapier gedruckt, schon fast unleserlich geworden. Und ich erinnerte mich mit Schaudern an die Zeit, als ich zwar zwei Jobs (als Redakteurin und Trainerin) hatte, aber keine Sekretärin.

Zettel mit kryptischen Notizen fielen mir in die Hände, die ich überhaupt nicht mehr zuordnen konnte, obwohl „wichtig" oder „sofort" darauf vermerkt war. Erinnerungsfetzen zu den Büchern, die ich damals geschrieben habe, tauchten auf. Und doch lag diese junge Vergangenheit bereits unendlich fern. Diese gerade noch doch so wichtigen Unterlagen wurden weggefegt von der täglichen Papierflut, die uns überschwemmt.

Denn kaum bin ich ein paar Tage auf Reisen, stapeln sich die Briefe, Hochglanzbroschüren, Einladungen, Zeitschriften und ausgedruckten E-Mails auf der schönen, mattierten Glasschale, die mir als „Eingangskorb" dient. Und das, obwohl meine Assistentin schon jede Menge selbst erledigt. Wehe, ich schiebe diesen Stapel nach kurzer Durchsicht nach „Superwichtigem" zur späteren Erledigung zur Seite. Dann wächst er sich bald zum Schreibtisch-Matterhorn aus. Ich habe den Eindruck, dass sich Papierberge nicht einfach nur so erhöhen, nein sie wachsen in Potenz: werden viermal, achtmal höher als noch vorgestern, ragen auf, um sich in einer todbringenden Lawine irgendwann über die säumige Leserin zu ergießen.

Aber ich habe gelernt, mich der Flut zu erwehren: Welches Hochgefühl, wenn ich es in nächtlichen Sonderschichten schaffe, dieses „Marterhorn" Schicht für Schicht wieder abzutragen. Wenn sich der Papierkorb gnadenlos mit dem ganzen Zeug füllt, das meinem Briefträger Plattfüße beschert. Ich habe gelernt wegzuwerfen, oh ja. Als geborene Sammlerin war das ein hartes Stück Arbeit.

> **Ich habe gelernt, mich der Flut zu erwehren: Welches Hochgefühl, wenn ich es in nächtlichen Sonderschichten schaffe, dieses „Marterhorn" Schicht für Schicht wieder abzutragen.**

Drei Tage brauchte ein professioneller „Aufräumer", bis er mich so weit hatte. Drei Tage lang saß er nur neben mir und fragte bei jedem Stück Papier, das er mir von meinem Schreibtisch, den drei zierlichen Ablagetischchen, dem Inhalt der unendlichen Hängeordner in meinem Schrank zureichte: „Brauchen Sie das noch?" Anfangs versuchte ich zu schummeln und murmelte: „Äh, ja, bestimmt mal." Doch damit kam ich nicht durch. Sobald ich ein Fitzelchen aufheben wollte, zwang mich mein Ordnungshüter, einen „Vorgang" dafür anzulegen. Dann warf ich es doch lieber weg, wenn es nicht wirklich wichtig war.

Ehrlich, die ersten zwei, drei Stunden tat ich mich hart, kämpfte um jede Notiz, jede Drittschrift eines Protokolls. Doch nach einiger Zeit, als das Raster „Wofür brauche ich das?" endlich gegriffen hatte, wurde das Wegwerfen zu einem Sport, ja einer Besessenheit. Zehn riesige Papierkörbe füllte ich in diesen drei Tagen. Und von Stunde zu Stunde, von Griff zu Griff erfasste mich eine ungeheuere Leichtigkeit. Mit jedem Stück Papier, mit jeder Zeitschrift – „Ach, die wollte ich eigentlich irgendwann noch mal lesen" –, die ich entsorgte, verlor ich ein Stück Seelen-Ballast.

Am Schluss blieb wirklich nur ein Häuflein wirklich wichtiger Dinge übrig – „Behalten Sie nur das, dessen Verlust wirklich Folgen hätte", hatte mir der Aufräumer eingeschärft. Meine Visitenkartenbox hatte ich mit Hilfe dieses Grundsatzes um 75 Prozent geleert. (Wer um Gottes willen waren all die Menschen, die mir irgendwann diese Kärtchen in die Hand gedrückt hatten? Wann? Und wo? Und warum?)

Noch heute, Jahre später, erfasst mich jedes Mal dieser Rausch beim Aufräumen, diese Schreibtisch- und Seelenhygiene, die frei macht für einen neuen Anfang. Und ich freue mich andererseits, Dinge auf den Weg zu bringen, weil ich jemanden habe, der mir dabei hilft. Ich beobachte stolz, wie sich in den Stunden um Mitternacht die andere, die bunte Glasschale füllt, der „Ausgangskorb" für meine Assistentin. Mit elegantem Kringel male ich mit lockerer Hand meine Botschaften darauf: e für erledigen; a für ablegen; b für beantworten; ? für Hilfe, was sollen wir damit machen ...

Ich bin erst zufrieden, wenn der Papierfrieden wieder hergestellt ist, wenn ich den Boden der linken Schale wieder sehen kann und die rechte prall gefüllt ist. Kichernd wie ein Papiertiger male ich mir aus, wie meine Assistentin aufseufzen wird, wenn sie die Folgen des nächtlichen Infernos am nächsten Morgen entdeckt. Aber ich weiß auch, dass sie insgeheim zufrieden ist, dass ich brav war und meine Hausaufgaben gemacht habe.

Und ich freue mich darauf, am nächsten Nachmittag die gut gefüllte Unterschriftsmappe zu öffnen, mit dem Löschpapierfutter, das mich auch wieder an meine Kindheit erinnert. An langweilige Schulstunden, in denen ich verträumt Tintenkleckse auf rosa oder hellblaue Löschpapierblätter zauberte. Gibt es heute eigentlich noch solche samtigen Blätter? Wahrscheinlich wird alles Löschpapier der Welt heutzutage zu Unterschriftsmappen verarbeitet – auch eine Karriere!

Und ich zücke meinen Füller, unterschreibe, blättere vorsichtig um, unterschreibe, blättere weiter und freue mich, was für ein tolles Team wir sind – meine Assistentin, das Papier und ich.

Wenn das Glück uns Beine macht ...

„Fünf Frösche sitzen auf einem Baumstamm. Vier davon wollen runterspringen. Wie viele bleiben oben?"! So lautet eine englische Scherzfrage, die mir mein Freund Jens vor kurzem stellte. Ich überlegte: Einer? Keiner? Hüpft der fünfte auch mit, wenn alle hüpfen? Die Antwort lautete überraschend anders: „Fünf bleiben sitzen, denn etwas wollen und etwas tun sind zwei vollkommen verschiedene Sachen."

Oh ja, wer von uns kennt das nicht. Wie oft nehmen wir uns vor, im Beruf etwas zu ändern, bleiben aber doch immer wieder im gleichen Trott. Offensichtlich ist es nicht so schwer, sich mit einer latenten Unzufriedenheit zu arrangieren.

Aber wehe, dieser Trott wird durch Änderungen von außen durchbrochen. Wenn wir plötzlich gezwungen werden, uns neu zu orientieren, ob wir wollen oder nicht. Die erste Reaktion: Panik. Wie konnte das passieren? Wie können die mir das antun? Hilfe, was wird aus mir? Die Gründe für solche beruflichen Änderungen sind vielfältig: Der Chef, mit dem wir uns so gut verstanden haben, verlässt das Unternehmen. Oder: Wir bekommen ein neues Aufgabengebiet. Oder gar, unser Arbeitsplatz wird wegrationalisiert, wir stehen auf der Straße. Panik, na klar. Wer bleibt in so einer Situation schon ruhig?

Doris M. erinnert sich genau an dieses Gefühl: „Ich war für einen neuen Job bei einer Speditionsfirma nach Berlin gezogen. Merkte aber von Anfang an, dass mein Vorgesetzter mich nicht mochte. Sehr schnell bekam ich Schwierigkeiten, wurde gemobbt, und eines Tages saß eine Aushilfe auf meinem Platz. Das hieß, ich war raus ..."

Allein in einer neuen Stadt, ohne Job, ohne Geld, ohne Freunde – wie hätten Sie in einer solchen Situation reagiert? Mit dem Schicksal gehadert, getobt, geklagt oder geweint? Hätten Sie die Koffer gepackt und wären schnell nach Hause zurückgefahren? Doris M. überlegte alle diese Möglichkeiten, saß einen Tag wie gelähmt in ihrer kleinen Wohnung. Und beschloss: „Berlin, du kriegst mich nicht unter!" Sie durchstöberte die gelben Seiten nach Speditionsfirmen und suchte sich eine raus, die einen guten Namen hatte. Ein Anruf genügte und sie wurde zu einem Vorstellungsgespräch eingeladen. „Ich war so fest entschlossen, einen anderen Job zu finden, das hat die wohl beeindruckt." Schon nach einer Woche war sie eingestellt. Sie hat sich inzwischen gut eingearbeitet und schwärmt von dieser Firma: „Von den Aufgaben her ist sie viel interessanter als der erste Job, ich habe reizende Kolleginnen, verstehe mich prima mit dem Chef. Alles in allem kann ich sagen, es war ein reiner Glücksfall, dass mir das alles passiert ist."

Natürlich wünscht sich niemand, in eine solche Situation zu geraten, nur um hinterher das wahre Glücksgefühl zu erleben. Ich für mich habe aber daraus gelernt, offener für unangenehme Entwicklungen zu sein, mich nicht nur in negativen Gefühlen zu vergraben, sondern zu schauen, welche positive Auswirkung auch noch damit einhergehen könnte.

Vielleicht können Sie rückblickend aus Ihren eigenen Erfahrungen auch sagen: Es machte schon irgendwie Sinn, was damals passiert ist. Eigentlich wollte ich schon lange weg, als ich gekündigt wurde. Vielleicht habe ich mich schon lange dort gelangweilt. Oder vielleicht brauchte ich einen Schubs, damit ich den Hintern hochbekomme und an meinem Leben etwas ändere. Vielleicht haben Sie auch schon mal Berichte von Menschen gelesen, bei denen eine Krankheit ihr Leben veränderte, und die seitdem eine ganz neue Einstellung zum Leben haben. Ich bin immer wieder fasziniert und gerührt von der Intensität, die diese Menschen entwickeln. Und ich bin längst nicht mehr sicher, dass immer das „normale Leben" die Krönung des Glücks sein muss. Und: Was heißt schon normal?

> **Vielleicht können Sie rückblickend auch sagen: Es machte schon Sinn, was damals passiert ist. Vielleicht brauchte ich einen Schubs, damit ich den Hintern hochbekomme und an meinem Leben etwas ändere.**

Ich erlebte selbst eine Art Paniksituation im letzten Jahr. Ein großer Kunde, für den ich sehr viele Trainings durchgeführt hatte, sagte alle Termine für 2000 ab. Ohgottogott. Verdammt. Mist ... Ich habe ehrlich gesagt, ganz schön Muffensausen bekommen. Bis dahin hatte ich als Jungunternehmerin nur erlebt, dass die Aufträge immer zahlreicher wurden.

Ich haderte mit mir, ob ich vielleicht nicht genug auf die Gesprächspartner eingegangen war, ich vielleicht ein zu hohes Honorar verlangt hatte, ob ich mit meiner Kodderschnauze jemanden geärgert oder verletzt hatte.

Ich bin ein Mensch, der neben grenzenlosem Optimismus immer wieder schwere Anfälle von Sicherheitsbedürfnis bekommt, und mir wurde daher wirklich schummerig. Ich schlief schlecht, bekam Zahnschmerzen. Meine Zahnärztin stellte fest, dass ich wohl nachts mit den Zähnen knirschte, daher die Schmerzen.

Ich brauchte einige Wochen, um den Schock zu überwinden, bis ich mir sagen konnte, „Wer weiß, wofür's gut ist!" Ja, je länger ich darüber nachdachte, umso überzeugter wurde ich, dass etwas anderes, Besseres nachkommen würde. Als ich meine Angst wieder im Griff hatte, erinnerte ich mich an das, was ich gerne anderen sage: „Damit etwas Neues kommen kann, müssen wir etwas Altes loslassen."

Und es stimmt: In den letzten Wochen kamen so zauberhafte neue Aufträge, große Herausforderungen, unglaubliche Sachen, die ich gar nicht hätte wahrnehmen können, wenn ich die festen Termine gehabt hätte. Und es bewahrheitet sich wieder mal ein alter Spruch: Manchmal muss man zu seinem Glück gezwungen werden!

Noch einmal davongekommen

Kennen Sie Murphy's Law? Danach geht schief, was nur schief gehen kann. Der Amerikaner Murphy hat anhand eines Marmeladenbrotes dieses Naturgesetz nachgewiesen. Sie können es selbst ganz einfach nachprüfen: Lassen Sie ein Marmeladenbrot (meinetwegen auch eine Brötchenhälfte mit Nutella) vom Frühstückstisch fallen, und es wird garantiert auf der bestrichenen Seite landen. Doch Vorsicht: Damit die Sauerei auch wirklich vollständig ist, werfen Sie dann bestimmt beim Versuch, den klebrigen Fleck aufzuwischen, auch noch die Kaffeetasse um. Sodass Sie schließlich schimpfend Eimer und Lappen holen müssen und mit angewidertem Gesicht auf dem Fußboden herumkriechen, anstatt sich in aller Ruhe fürs Büro fertig zu machen.

Meistens tritt Murphy's Gesetz in Kraft, wenn wir überhaupt keine Zeit für Unvorhergesehenes haben. Natürlich reißt die Strumpfhose gerade dann, wenn wir einen wichtigen Termin vor uns haben und sowieso schon in Eile sind. Um dann entsetzt feststellen zu müssen, dass es natürlich die letzte Schwarze in der Strumpfschublade war. Da heißt es, schnell zu reagieren. Runter mit dem kaputten Ding, die cremefarbene anziehen. Meine Güte, sieht ja unmöglich zum dunkelblauen Kostüm aus. Also Rock aus, den hellen an. Das Oberteil passt nun auch nicht mehr, also auch raus aus dieser Klamotte – Mist, die passende Bluse hängt noch auf der Leine. Das bedeutet: trockenbügeln. Wie bitte soll man an einem solchen Morgen dann obercool und très charmant in die wichtige Sitzung gehen?

Finden Sie nicht auch: Murphy's Law ist blöd, gemein und ungerecht. Aber alles In-den-Tisch-Beißen hilft nichts, weil's schließlich ein Naturgesetz ist. Das vor allem dann gnadenlos zuschlägt, wenn wir wichtige Aufgaben sowieso schon über alle Termine aufgeschoben haben: Diese Kolumne beispielsweise musste schon seit einer Woche fertig sein, aber da war ja sooo viel anderes vorher zu erledigen. Jeden Tag habe ich mir geschworen: Morgen schreib ich sie, bestimmt! Aber warum ist immer noch so viel Arbeit übrig, wenn der Tag schon vorbei ist? Warum wird der Schreibtisch nicht leerer und so wenig auf unserer „To-do-Liste" abgehakt? Und so schiebt man und schiebt man, bis – ja bis wirklich Deadline ist, und klar wird: Jetzt gibt es keinen Aufschub mehr. Morgen früh oder nie. Der Vormittag wird von allen anderen Terminen freigehalten, die Assistentin angewiesen, alle Störungen fernzuhalten nach dem Motto: „Sorry, die Chefin dichtet." Nichts anderes darf dazwischenkommen, sonst gibt es wirklich Ärger. Guter Vorsatz, frohen Mutes gefasst. Am frühen Morgen, noch ehe der Wecker klingelt, steht der Sohn verschwitzt vorm Bett: „Mami, ich glaube, ich bin krank." Fieber messen, au weia, die Mandeln sind dick. Ja Mahlzeit. In der Schule Bescheid sagen, Teechen kochen, Arzt anrufen. Die Zeit verrinnt.

Erst beim Zähneputzen spürt man dann diesen Schmerz im linken Schneidezahn. Au, verdammt, der tut weh. Man erinnert sich an den ziehenden Schmerz, so zur Nase hin, der sich in den letzten Tagen immer wieder mal ins Unterbewusstsein geschlichen hatte. Aber brav auch immer wieder verschwand. Und jetzt zieht's nicht mehr, jetzt schmerzt es, aber tüchtig. Ausgerechnet heute! Nach dem hastigen Frühstück pocht es im Zahn. Alle Gedanken, alle Gefühle drehen sich nur noch ums Gebiss (und ums kranke Kind natürlich).

Am liebsten würdest du dich dazulegen und deine Mama einen Entschuldigungsbrief an die Redaktion schreiben lassen: Liebe Frau Chefredakteurin, meine Tochter Sabine konnte ihre Kolumne leider nicht schreiben, weil sie so heftige Zahnschmerzen hatte. Aber du bist nicht mehr 13, sondern ein paar Tage älter, deine Mama ist weit, und du stehst im Wort. Also, auf ins Büro, an den Computer.

Murphy's Law ist blöd, gemein und ungerecht. Aber alles In-den-Tisch-Beißen hilft nichts, weil's schließlich ein Naturgesetz ist.

Von nun an könnte es das Schicksal ja mal ein bisschen gut mit dir meinen, Gedanken wie kleine rosa Wölkchen schicken, dir die Fingerchen wie in Trance führen. Aber Murphy's Law regiert weiter. Du starrst stumpf auf den leeren Monitor. Der Zahn puckert, das Hirn hat auf Standby geschaltet. Du ringst um Worte, um Sätze. Die Nervenbahn zwischen Zahn und Nase jault. Es hat keinen Zweck. Telefon her, Zahnärztin anrufen, vorher ist nichts zu machen. Anrufbeantworter: „Wegen einer Fortbildung können Sie uns heute leider nicht erreichen. In akuten Fällen wenden Sie sich bitte ..." Du wendest dich mit

Grausen. Bloß nicht zu einem anderen Zahnarzt, nicht an einem solchen Tag. Dr. Murphy wartet schon. Lieber zwei Aspirin schlucken und auf Erlösung warten. Den Tag verfluchen, an dem du leicht die Kolumne hättest schreiben können, aber lieber stundenlang im Internet mit diesem nice guy aus Pasadena Backgammon gespielt und geflirtet hast. Ach hätte ich doch – ein lauter Seufzer entringt sich deiner Brust, du tust dir heftig leid. Doch das bringt keine Lösung.

Du greifst zum letzten Mittel: Du sinkst gedanklich auf die Knie und stößt ein Gelübde aus: Lieber Dr. Murphy, ich will in Zukunft auch immer ganz brav rechtzeitig anfangen, wenn Sie mir nur heute noch eine Chance geben. Denken Sie doch an die verzweifelten Redakteurinnen, die auf die Kolumne warten. Denken Sie doch an die armen Leserinnen, die ratlos auf zwei leere Seiten starren müssen. Haben Sie doch wenigstens Mitleid mit einem kranken Kind, das auf die kühlende Mutterhand wartet. Bitte!!!

Und plötzlich löst sich der Knoten im Hirn, die lähmende Starre in den Fingern verschwindet, und sie beginnen über die Tastatur zu fliegen: „Kennen Sie Murphy's Law ..." Danke, danke! Noch einmal davongekommen.

Dem Sekretär ist nichts zu schwer

Manchmal wünsche ich mir einen Privatsekretär. Einen feschen jungen Mann, der mir meine Wünsche von den Augen abliest. So einen sympathischen Burschen wie auf unserem Titelbild. (Gefällt er Ihnen auch so gut wie mir? Er erinnert mich ein bisschen an den Cola-Mann, Sie wissen schon: halbzwölf im Büro, es ist heiß draußen, sehr heiß, und auf der Baustelle gegenüber ...) Morgens müsste mein Privatsekretär mir mit strahlendem Lächeln den Early Morning Tea und die Zeitungen an mein Bett bringen. Hoppla – an meinen Schreibtisch, meine ich natürlich. Vielleicht könnte er mir die wichtigen Artikel auch vorlesen, während ich mir in aller Ruhe die Fingernägel lackiere und Morgentau-Tee schlürfe. Seufz. Da er einen exzellenten Geschmack hat, könnte er mich bei der Auswahl meiner Kleidung beraten. Je nach Termin würde er mir die passende Kombination empfehlen, gleich mit Schuhen, Tasche und Schmuck. Nie käme es vor, dass die richtigen Pumps gerade beim Schuster wären oder die Samtjacke dringend zur Reinigung müsste (ähm, verwechsle ich das jetzt gerade mit einem Butler? Ach wo, das kann mein Sekretär auch alles).

Im Büro würde er alle Termine für mich koordinieren: nicht nur Aufträge, Reisen und Meetings, sondern auch die privaten Dates wie Geburtstage, Kosmetikerin und Friseur. „Dienen" wäre für ihn kein Fremdwort und schon gar kein Angriff auf seine Männlichkeit. Wenn ich auch nur über einen Wunsch nachdenke, beschafft er mir schon die nötigen Informationen darüber und legt sie mir zur Entscheidung vor. Ich tippe auf meine Wahl und schon ist alles ins Rollen gebracht: Der African Dance Kurs ist gebucht, die Blumen für meine Mutter bestellt, die Konzertkarten für Al Jareau gekauft, die Party für meine Kinder organisiert.

Mein Privatsekretär kennt meinen Kalender wie seine Westentasche und hat alle Termine im Kopf. Er wird darauf achten, dass ich mich nie übernehme: Er wird bestimmen, wie viel ich mir zumuten darf, wird andere Termine elegant abblocken oder umlegen. Er könnte auch für mich verhandeln: Mit der Druckerei wegen des teuren Briefpapiers; mit dem Großkonzern, der nur so knickerige Honorare zahlen will.

Er ist darauf trainiert, Unangenehmes überhaupt nicht an mich heranzulassen. Instinktiv spürt er, ob ich Lust auf einen bestimmten Auftrag habe oder nicht; er weiß, worauf ich Wert lege, oder was ich nicht ausstehen kann. Er ist ein Meister darin, Geschäftspartner zu beruhigen, denen ich irgendetwas versprochen und das längst wieder vergessen habe.

Wenn ich verreisen muss, wird er mich natürlich begleiten. Er wird mir den Koffer packen (ja, ja!) und alle Unterlagen zurechtlegen. Privatchauffeur könnte er eigentlich auch gleich in Personalunion sein, der mich sanft überallhin kutschiert. Wenn wir doch lieber per Bahn oder Flugzeug reisen, wird er für mich das Gepäck aufgeben und abholen, und ich wäre endlich diese verdammte Schlepperei und ewige Warterei am Gepäckband los. Ganz entspannt im Hier und Jetzt würde ich einfach in der Business Lounge auf ihn warten.

Vor allem müsste er darauf achten, dass ich pünktlich bin, also rechtzeitig losfahre, um ohne Hetzerei ganz relaxt anzukommen. Nie mehr müsste ich vor einem Stau auf der Autobahn zum Flughafen zittern. Nie mehr würde ich zu enge Termine vereinbaren, die nach dem normalen Menschenverstand gar nicht zu bewältigen sind. (Wissen Sie, wo Nordhorn liegt? Und wie man von Berlin aus über Nacht dorthin kommt? Gar nicht!) In fremden Städten wüsste er sofort, wie wir an unseren Zielort kommen; er würde Taxis für mich heranpfeifen oder den Shuttlebus zu mir dirigieren.

> **Er würde mir jeden Wunsch von den Lippen ablesen, hätte all meine Termine im Kopf. „Dienen" wäre für ihn kein Fremdwort und kein Angriff auf seine Männlichkeit.**

Natürlich legt er überhaupt keinen Wert auf eine 36-Stunden-Woche oder den geregelten Feierabend. Abends nach einem anstrengenden Tag säße er mit mir beim Dinner im Hotelrestaurant. Er hätte natürlich geschliffene Manieren und sähe in seinem dunklen Anzug einfach umwerfend aus. Er würde zauberhafte Konversation betreiben, damit ich mich von der schweren Arbeit erholen kann, bis ich glockenhell lache. (Sabine, du hast in deinem Leben zu viele alte amerikanische Spielfilme gesehen!)

Ich glaube, ich würde ihn Pierre nennen oder David (mit Betonung auf der zweiten Silbe). Er würde mein Handy tragen und alle Gespräche entgegennehmen. Natürlich wüsste er genau, welche Anrufer er mir geben dürfte und was er selber erledigen müsste. Durch ihn könnte es mir nie wieder passieren, dass dieses blöde Ding im „Ruhewagen" des ICE minutenlang quäkt, bevor ich es endlich mit hochrotem Kopf in den Tiefen meiner Handtasche zum Schweigen gebracht habe.

P. S. Neulich habe ich auf dem Kölner Flughafen Rudolf Mooshammer getroffen, Sie wissen schon, den Münchner Modezar „Mosi". Er schwebte zum Lufthansa-Gate und ihm folgte sein Privatsekretär. Der etwas blasiert aussehende junge Mann trug das Hündchen „Daisy" in einer luxuriösen Louis-Vuitton-Tasche hinterher. Die ganze Szene sah furchtbar albern aus. Ich glaube, ich überlege mir das mit meinem „Pierre" noch einmal.

Sprechen Sie Denglisch?

Sind Sie auch immer so very angry, wenn Sie überall diese englischen Ausdrücke lesen? Change Management, E-Commerce, B2B-Business, what the hell soll das? Können wir nicht unsere schöne, very traditional German language pflegen? Wir sind hier doch nicht in good old England oder Overseas.

Sorry, aber das Leben spricht eine andere Sprache. In fast allen Companies erobert Englisch die Businessetagen. Vor allem bei den Global players, die all around the world Handel treiben and communicate. Selbst wenn die community language noch nicht Englisch ist, breitet sich diese Mixture aus Deutsch und Englisch, genannt Denglisch, immer mehr aus. Ob uns das gefällt oder nicht – so what?

Wer von uns geht heute noch ins Büro? In unserem Minivan mit Overdrive Service fahren wir ins Office. Wir arbeiten als Office Managerin, Assistant, Clerc, Consultant, Freelancer oderals CEO. Wir schreiben nicht mehr auf der guten, alten Gabriele 44, sondern powern mit Word oder Excel. Wir langweilen uns auf Meetings – how boring! – oder schuften im Team. Wir hoffen auf Good news und Good will, vor allem in Win-Win-Situationen. Unser größtes Problem, das mangelnde Balancing auf dem Mommy track. Und die glass ceiling, die kaum zu überwinden ist.

Sogar die Mutter aller Traditionsfirmen, the German Railway, spricht ihre customer nur noch englisch an. Am Servicepoint können wir uns committen lassen, wie viel delay unser Train hat, und uns green and blue ärgern. No nice train from the Bahn.

Die Lufthansa lädt uns zum Relaxen in die Lounge ein, aber nur wenn wir Business fliegen oder Frequent Traveller sind, so Miles and more. Und eine Stewardess ist nicht mal mehr eine Stewardess, sondern eine Flight Attendance. Fasten your seat belt. Am Gate schalten wir unser Handy aus. Silence please.

In unserem City Hotel entledigen wir uns nach dem Meeting blitzschnell unseres Business outfits und entscheiden uns für ein paar Stunden Wellness im hauseigenen Spa. Wir stählen unseren Body im Fitness Center mit mehreren Sit-ups und anderem Workout. Oh, heaven, I give all für einen Waschbrettbauch!

We are pleased, dass wir dank unseres VIP Business Pass und unserer Rewards am Counter unsere Junior Suite upgraden konnten, natürlich in der Non-smoker-Etage. Und im Fernsehen läuft NBC oder CBS. How interesting, in Kuala Lumpur hat's geregnet. Keep smiling.

Im Bad beginnen wir, uns sexy aufzustylen. Nach dem Gentle Exfoliating Refiner tragen wir die Extra-Firming Facial Mask auf. Wir relaxen ein paar Minuten, um danach mit dem Age Management Special Rides noch etwas gegen unsere kleinen Falten zu tun. Unter das Make-up gehört natürlich eine Revitalizing Moisture Cream, und um die Augen etwas Caviar Extract Eye Moisture. Ein Dank an die Kosmetikindustrie, die uns seit Jahren für das Denglish-Century trainiert hat. Ein Hauch Blusher macht uns dann erst wirklich umwerfend erotic. Wir schmeißen uns dann in unser schönstes Twin-Set und ziehen diese wahnsinnigen roten Highheels an, in denen wir laufen wie ein Supermodel auf dem Catwalk.

Unsere Future liegt im Change – wir sind doch alle Global player!

Bei der Happy Hour haben wir einen terrific Talk mit einem nice guy, der bei einem aufstrebenden Internet-Broker als Key Account Senior Consultant für Mergers and Acquisition zuständig ist. Und der uns bei einem Tequilla Sunrise von der Performance seiner Aktien vorschwärmt. Mit deren Hilfe er bald ein Downsizing vornehmen wird, um ein Sabatical zu nehmen. Was für eine Success story! Darauf einen Whiskey sour.

Wir sind ja auch nicht ganz unsuccessful. Wir verstehen auch unser Business. Plaudern über unser letztes Motivation-Training: „Turn potential into performance", wo es um Operating profit, Net income und Value added ging. – Very interesting. Wir haben schließlich die Speech unseres CEOs im Ohr, der uns klargemacht hat, dass unsere Future im Change liegt, dass die ganze Company nur surviven kann, wenn sie das E-Business beherrscht. Alles auf Englisch natürlich.

Y not? We are ready! Das Internet is our Living room, wir downloaden die Welt in Megabytes. Der Browser ist unser Partner, wir alle sind doch Global players. Und unser E-Lover lebt schließlich sowieso in New Dehli – Inder statt Kinder. Keine Angst of future! Diese Entwicklung is 4 us gemacht. Fasten seat belts, Girls!

Erfolg ist ganz schön anstrengend

Erfolgreich sein ist kein Zuckerschlecken. Meine Herren! Jedenfalls wenn man den Ratschlägen, nein besser Regeln mancher Management-Gurus folgt. Wie sähe mein Arbeitstag aus, wenn ich all diesen Spielregeln tatsächlich folgten würde? Der Wecker klingelt statt um halbsieben schon um halbsechs – erfolgreiche Menschen brauchen nicht so viel Schlaf. Anstatt mich wie sonst schlaftrunken aus dem Bett zu wälzen, werde ich den neuen Tag freudig begrüßen – mich recken und strecken, ja, ich bin wach, ich freue mich auf meine Herausforderungen, alles wird guhut! Dann Joggingsanzug, Stirnband und Laufschuhe an, meine Pulsfrequenzmessuhr nicht vergessen, damit ich nicht im falschen Tempo vor mich hin trabe. „Nur der Mensch mit dem idealen Körper ist wirklich erfolgreich, ist glücklich, kommt in den Flow ..." hörte ich neulich einen der selbst ernannten Fitnesspäpste dozieren. Und um den „idealen Körper" (fatal, der Ausdruck erinnert mich irgendwie an längst vergangene Zeiten) zu erhalten, muss ich laufen, laufen, laufen.

Der nächste Ironman wartet, dieser Wettbewerb, bei dem hunderte, ja tausende von beseelten Menschen sich nacheinander in Brandungen, auf Fahrradsattel und zu Fuß auf bergige Landstraße werfen, um ihren idealen Körper am Schluss möglichst als Erster über die Ziellinie zu bewegen.

Was, Sie laufen nicht? Dann haben Sie keine Chance im Leben! Mit hängenden Schultern schlurfen Sie als Looser, als Verlierer, durchs Leben. Denn Nichtläufer kommen niemals „in den Floooooow, diesen einmaligen Vorgang, in dem wir aaalles wie im Rauuuuusch erleben."

Ich will ganz vorne dabei sein. Also werde ich laufen, jeden Morgen, bis die Sonne aufgeht und die Gelenke jaulen. Entlang der sechsspurigen Schnellstraße, über den Mittleren Ring, parallel zum anschwellenden Berufsverkehr. Egal, Hauptsache an der frischen Luft und in Bewegung. Und ich werde ein lustiges Lied dazu trällern, denn ich darf nur so schnell laufen, dass ich mich noch locker dabei unterhalten kann, heißt es.

Zu Hause werde ich dann mein energetisches Frühstück zubereiten, während ich ganz nebenbei ein paar Yogaübungen mache. Auf dem Teller übersichtlich angeordnet: all die Drogen und Pillchen, die mir helfen, meinen idealen Körper zu formen: Vitamin C in rauen Mengen, Vitamin E, Beta-Karotin, Magnesium, Calcium, einen Happen Aspirin ... Die Menge wächst täglich, weil die Fitnesspäpste sich nicht einig sind, ja sich widersprechen. Also nehme ich lieber alles, auch wenn die ganze Chose ziemlich teuer kommt, ich kann es mir ja leisten. Und einen Körper wie eine Stahlfeder brauche ich, um meinen Karriereweg zu bewältigen.

Nachdem ich meinen Idealkörper geduscht und gesalbt habe, kommt die wichtige Zeit der Meditation. Ich hocke im Lotussitz auf der Kaschmirdecke und schwinge mich auf den Tag ein. Ich sage mir all die starken Sätze, die ein Gewinner sich sagen muss: Ich habe Charisma, ich kann Menschen beeindrucken, ich kann führen, ich habe eine Message. Ich habe Charisma. Beim Aufstehen meldet sich mein Ischias statt dieses Charismas, aber darüber muss ich jetzt hinwegatmen. Denn die Welt wartet auf mich.

Ich schwinge mich in mein streng nach Farb- und Stillehre ausgesuchtes Businesskostüm (je dunkler, umso machtvoller!), die halbhohen vornehm-zurückhaltenden Pumps: lege dezenten Schmuck an, der signalisiert, dass ich's habe, aber nicht nötig habe, es zu zeigen. Und begebe mich stilgemäß, also in einer silberfarbenen Limousine der gehobenen Mittelklasse, ins Büro.

Nach 12 Stunden Maloche, und ich meine Maloche, in denen ich den Profit meines Unternehmens mehre und die Freude der Shareholder steigere, meine Mitarbeiter motiviere und die Kunden mehr als zufrieden mache, sprinte ich nach Hause, denn ich muss mich schließlich auch noch um mein Vermögen kümmern.

Ich will ganz vorne dabei sein. Also werde ich laufen, jeden Morgen, bis die Sonne aufgeht und die Gelenke jaulen.

Als Erstes n-tv angeschaltet, das blaue Band der Börse eingesogen; Scheiße, Daimler schon wieder gefallen, aber am Neuen Markt geht es wenigstens wieder etwas lebhafter zu. Hätte ich doch, hätte ich doch Nokia, und ich sag's noch, allen habe ich zugeraten, und jetzt: Geschossen sind sie in die Höhe, geschossen, und ich bin nicht dabei. Ich beiße in ein Stück grüne Gurke, denn auch bei der Geldanlage muss man fit sein. Am Computer clicke ich mich mal schnell in meine Direktbank ein, studiere die Kursverläufe, werfe hier ein bisschen was ab, kaufe dort etwas dazu. Ziehe meine Kursbilanz und arbeite an meinen inneren Glaubenssätzen: „Ich darf reich sein, ich darf reich sein ..."

Dann lese ich noch ein Kapitelchen in einem der schlauen Bücher, die mich in sieben Jahren zum Millionär machen. Und erfahre, dass ich mit 14 hätte anfangen sollen, jeden Monat 50 Mark zurückzulegen. Dann könnte ich mich jetzt schon zur Ruhe setzen, in einem weißen Palast wohnen, Geldsäcke links und rechts von mir, und könnte meinem Chef endlich ... Nein, das tut man nicht, meine Fantasie geht mit mir durch.

Mitternacht dräut schon, als ich endlich all die Geld- und Karrierezeitschriften durchgearbeitet habe, die sich auf dem Couchtisch stapeln. Ich muss dabei richtig in den Flow gekommen sein, denn ich erinnere mich an nichts mehr von dem, was ich gerade gelesen habe. Aber das Unterbewusstsein wird's schon richten.

Abschminken, cremen, Workout. Ohne die 50 Kniebeugen, Liegestütze und Sit-ups wage ich mich nicht ins Bett, wer rastet der rostet, und ich möchte doch „forever young" bleiben.

Vor dem Einschlafen erinnere ich mich an frühere Zeiten, was für eine faule Trine ich war, habe stundenlang mit Freunden in Kneipen herumgehangen, oft viel zu fett gegessen und viel zu viel getrunken, über belangloses Zeug geschwätzt.

Und ich erinnere mich an diese Familie, diese netten Menschen bei mir in der Wohnung, Kinder darunter, wo sind die eigentlich hin? Na ja, sie waren schon hinderlich auf meinem Weg zum idealen Körper und zum idealen Erfolg. Konnten mit meinem Stundenplan irgendwie nichts anfangen, hatten zu viele Forderungen, die mich vom rechten Weg abgebracht hätten.

Und kurz vorm Einschlafen, einem gefährlich labilen Zustand, in dem ich mich leider nicht mehr unter totaler Kontrolle habe, höre ich mich seufzen: „Leben würde ich so gern mal wieder – leben ...!" Am anderen Morgen wache ich auf, gerädert von einem unruhigen Schlaf. Gottseidank alles nur ein Alptraum. Die Uhr zeigt halbsechs, ich drehe mich noch einmal auf die Seite, eine Stunde habe ich noch, bis ich den Kindern das Frühstück mache. Ich kuschele mich an meinen Mann, gähne und freue mich auf einen schönen Tag.

Wenn Fremde in die Muschel nuscheln

Lieben Sie Anrufbeantworter? Sie sind doch eigentlich eine tolle Einrichtung. Ich bin nicht da, und trotzdem kannst du mich erreichen – Wunder der Technik. Und ein wichtiges Kommunikationsmittel. Wie schön, die sanfte Stimme des Liebsten darauf zu hören, der uns einen Gruß herüberhaucht, oder die des Handwerkers, der bestätigt, dass er tatsächlich endlich am nächsten Donnerstag kommt.

Ein Scherz unserer besten Freundin auf dem Band, und der Abend nach einem langen, anstrengenden Tag wird doch noch fröhlich. Ein freundlicher Kunde, der mit Auftrag „droht" – seliges Erschauern. Gut, dass wir darüber gesprochen haben. Ich weiß gar nicht mehr, wie die Menschheit ohne Anrufbeantworter existieren könnte. Und doch, manchmal schleicht sich in die Freude über die moderne Technik Ungeduld, Ärger, Unmut, ja manchmal blanker Zorn.

Da sind einmal die „answering machines" kreativer Zeitgenossen, die mit flockigen Sprüchen, Dudelmusik oder anderen gebührentreibenden Dönekes meine Geduld auf die Probe stellen. „Hallo, ist jemand da, nein, da ist niemand. Ist da wirklich keiner? Rennt da gerade jemand die Treppe herunter? Nein, schade. Tatsächlich, es ist wohl doch leider niemand zu Hause. Alle ausgeflogen. Dann bleibt Ihnen wohl nichts anderes übrig, als sich mit unserem stillen Butler zu unterhalten ... Blablabla."

Mehr noch irritieren mich die Ansagetexte, die ganz und gar auf Informationen verzichten, den Namen oder die Telefonnummer beispielsweise, und lediglich zu schwülstiger Musik mitteilen, man solle sich ruhig dem Band anvertrauen, „... Sprechen Sie nach dem Beep." Woher soll ich wissen, dass ich mich nicht verwählt habe? Soll ich diesem unidentifizierten Lauschobjekt wirklich meine Geheimnisse anvertrauen, der Grafikerin, die ich dahinter vermute, meine Wünsche mitteilen und meine Telefonnummer? Klick, lieber lege ich auf.

August 2000

Was im privaten Bereich eher nervt, macht mich bei Geschäftsanschlüssen richtig fuchsig. Ich hasse die Ansagen, die mich zwingen, minutenlang ein Gebrabbel anzuhören, das mich null interessiert. Gerne werden noch ein paar kleine Firmeninformationen eingeflochten, Last-Minute-Angebote, bis ich endlich meine Nachricht aufsprechen „darf". Aber der wahre Blutrausch überkommt mich, wenn ich mir als Kundin stundenlang die Finger wundgewählt habe, um eine Firma zu erreichen, und dann – wenn ich endlich durchgekommen bin – nur den Anrufbeantworter zu hören: „Sie rufen außerhalb unserer Geschäftszeiten an. Sie erreichen uns zwischen acht und 16.30 Uhr ..." Eben niiiiiiiiiiiicht!!!

Doch auch mein eigener Apparat ist nicht nur ein Quell der Freude. Klar, höre ich gerne Nachrichten, freue mich über ein nettes „Hallo, wie geht es Ihnen? Ich wollte gern mit Ihnen über einen Vortrag im November sprechen." Juchhu. Über kurze knappe Informationen, auf die ich gewartet habe. Prima. Auf einen Hinweis, wann ich den wichtigen Gesprächspartner tatsächlich erreichen kann. Klasse. Eine kurze Anfrage, die wir gleich erledigen können. Subito.

Doch nicht alle Nachrichten sind so eindeutig. Wie oft sitze ich mit meiner Assistentin zusammen, Ohr am Lautsprecher, und versuche, die Anrufer zu identifizieren. Keinen Peil, wer da seinen Namen in die Muschel nuschelt. Vielleicht sollte es Seminare geben „Wie spreche ich am Telefon laut und deutlich", oder „Erst denken, dann reden". Denn ich weiß selbst, wie überrascht man manchmal ist, wenn der Anrufbeantworter anspringt und man sich doch eigentlich plaudernd zum Thema vorarbeiten wollte. Und die Gedanken noch gar nicht geordnet hatte. Dann fängt man an zu stottern: „Äh ja, äh ich wollte, äh ..."

Es sind die „answering machines" kreativer Zeitgenossen, die mit flockigen Sprüchen, Dudelmusik oder anderen gebührentreibenden Dönekes meine Geduld auf die Probe stellen.

Meine Assistentin liebt auch die Susannes, Gabrieles oder Stefans, die sicher sind, dass man sie schon an der Stimme erkennen wird – „Hi, Leute" – und die sich nicht vorstellen können, dass ich nicht selbst mein Telefon bediene. Oder die davon ausgehen, dass es außer ihnen keine anderen Susannes, Gabrieles oder Stefans gibt!

Gefürchtet sind auch die HighSpeed-Nummern-Abfeuerer: Erst verraten sie dem Band ausführlichst ihr Begehren, in aller angemessenen Umständlichkeit, um dann, bemerkend, dass sie sich verplaudert haben, im Raketentempo noch schnell ihre Telefonnummer abzufeuern: „Nulldrei-zwsevi, Neuzwachsefünsiebendr". Keine Chance, die auch nach zwei- oder dreimaligem Abhören mitzuschreiben. Vielleicht wundern sich diese Menschen, dass sie nie zurückgerufen werden, oder schlimmer, nehmen es sogar übel. Wie viele Millionen gehen so der Volkswirtschaft durch entgangene Aufträge verloren?

Mehr und mehr missfällt Besitzern von Anrufbeantwortern andererseits die Angewohnheit, von völlig fremden Leuten, die etwas von einem wollen, um Rückruf gebeten, nein dazu aufgefordert zu werden: „Rufen Sie mich morgen Vormittag an!" Also von dem Versicherungsvertreter etwa, der mir ungebeten eine Police andrehen will. Ich finde das dreist. Warum sollte ich den zurückrufen? Wie wär's wenigstens mit noch einmal probieren? Wie wär's mit etwas mehr Höflichkeit?

Ich finde die Variante wesentlich charmanter, die Anrufbeantworterprofis bevorzugen: Sagen, dass man angerufen hat, einen weiteren Versuch ankündigen und informationshalber die eigene Rufnummer durchgeben. Dann bleibt die Entscheidung beim Angerufenen, ob er sich selbst meldet. Wenn er neugierig genug ist, wird er es tun – wie ich meistens. Aber dann bin ich auch selbst schuld.

P. S. Mein Anrufbeantworter hat einen Fan, einen Geschäftspartner, der die Stimme darauf liebt und extra nachts anruft, damit keiner rangeht. Auch nicht schlecht.

Sind Männer wirklich so?

„Stellen Sie sich doch mal so hin wie ein Mann. Genau so, gerade und breitbeinig. Na, Sie müssen sich ja nicht gleich im Schritt kratzen ..." Warum ernte ich immer wieder brüllendes Gelächter, wenn ich vor Frauenforen grinsend diesen kleinen Scherz mache? Manchmal komme ich mir schon direkt männerfeindlich vor, fürchte, den Armen wirklich unrecht zu tun. Diese Skrupel bin ich jetzt los!

Ein Mann hat mir dabei geholfen. Er hat mir verraten, wie Männer im Job wirklich sind, was sie denken, wie sie reden – vor allem über Frauen; welche Mechanismen in ihrem Gehirn zu arbeiten beginnen, wenn sie nur einen Rock und ein paar Beine auf dem Flur sehen. Die bittere Wahrheit ist: Männer sind wirklich so, wie wir sie immer eingeschätzt haben. Genau so! Hilfe, kann man denn da gar nichts machen?

Nein, sagte mein Gewährsmann, ein sehr erfolgreicher ehemaliger Geschäftsführer eines deutschen Großunternehmens (1 Milliarde Umsatz im Jahr), der dem Interview nur unter höchst konspirativen Umständen zugestimmt hatte: Wir trafen uns nachmittags um drei in der anonymen Lobby-Bar eines Flughafenhotels, und ich musste ihm tausend Eide schwören, dass er anonym bleiben wurde.

Hatte er solche Angst vor Frauen? Oh keine Spur. Nein, aus Angst vor seinen Geschlechtsgenossen wollte er nicht erkannt werden, denn seine Aussagen waren alles andere als schmeichelhaft für die Kollegen. Ein Beispiel: Was ist die erste Frage eines Mannes, der hört, dass der neue Chef eine Chefin ist? Raten Sie mal. Seien Sie mal ganz Macha (die weibliche Form von Macho). Greifen Sie mal tief in die Klischeekiste. Richtig, die erste Frage unter Männern lautet: „Wie sieht sie aus?" Ja, wirklich. Nicht: „Was kann sie?" oder: „Woher kommt sie?" (was bei einem neuen Chef als erstes gefragt würde). Nein: „Wie sieht sie aus?"

Völlig entgeistert fragte ich nach, das kann doch nicht sein, nicht im ersten Jahr des dritten Jahrtausends, nicht in Zeiten, in denen Frauen Düsenjets fliegen und Weltkonzerne wie Hewlett Packard leiten. Ich wollte einfach nicht glauben, dass Astronauten, die erfahren, dass eine Frau zur MIR-Station mitfliegt, als Erstes fragen: „Ist sie hübsch?" (Himmel, stimmt etwa doch mein uralter Witz, den ich schon zu den Akten gelegt hatte: Fragt ein Astronaut seine Kollegin: „Gehen wir zu dir oder zu MIR?")

Und ich wollte nicht glauben, dass der Kommentar eines Mannes zu einer „normal" aussehenden Frau zwischen „Na, geht so" und „Mit der möchte ich auch nicht verheiratet sein!" schwankt.

Doch, bestätigte mein Gewährsmann, Männer seien eben einfach durch 5 Millionen Jahre Jagdinstinkt geprägt. „Denken Sie, das ist in 30 Jahren zu ändern?", fragte er mich verwundert.

Und mir wurde klar: Ja, er hat Recht, wir berufstätigen Frauen müssen wohl dankbar sein, wenn uns nicht der nächstbeste Kollege knurrend an den Haaren in seine Zwei-Fenster-Höhle zerrt, um uns seine Wertschätzung zu zeigen.

Eine Frau bleibt eine Frau bleibt eine Frau, bestätigte mein Informant, egal ob sie einen Professorentitel, Vorgesetztenmacht oder ein Milliarden-Aktienpaket habe. Und er schob noch eine Info in Sachen neue Chefin nach. Wenn die tatsächlich gut aussähe, sei die nächste Frage garantiert: „Ist sie verheiratet?"

Ja, geht's noch? Vor Schreck verschluckte ich mich glatt an meiner Latte Macchiato (darf man so was im Beisein von Geschäftskollegen überhaupt noch trinken, frage ich mich?). „Nein, das stimmt nicht", keuchte ich dann. „So sind Männer nicht!" Mitleidig lächelte Mr. XXL mich an. „Wir sind so erzogen, ich bin der Größte, alle Frauen fliegen auf mich. Glauben Sie mir, noch in dem trockensten Buchhalter steckt der Berggorilla, der von seinem Fortpflanzungstrieb gesteuert wird."

Noch im trockensten Buchhalter steckt der Berggorilla, der von seinem Fortpflanzungstrieb gesteuert wird.

Nein, also das ging mir jetzt doch zu weit. Nee, also wirklich. In meiner Verhandlung mit dem Banker um das Unternehmerdarlehen geht es doch um Fakten, Zahlen, Bilanzen. Der braucht doch Argumente. Den kann ich doch nicht mit einem kurzen Rock ...? Mama! Stimmt etwa doch alles, was du mir beigebracht hast? Von wegen den besten Zeitpunkt abwarten, und sich hübsch machen und um den Finger wickeln und ...

Das Lächeln meines Gegenübers wurde noch eine Spur spöttischer: „Sie müssen immer beachten, 85 Prozent der männlichen Psyche sind mit der Weiblichkeit des Gegenübers beschäftigt, nur 15 Prozent stehen für die Verhandlung zur Verfügung. Und die klugen, die aufrechten, die harmlosen Frauen setzen immer auf diese blöden 15 Prozent Geist und Logik. Also, wenn ich eine Frau wäre, ich würde was daraus machen!" Und dabei sah er mich so auffordernd an – über den Rest unserer aufregenden Unterhaltung möchte ich lieber schweigen. Nein, nicht was Sie denken! Aber die Informationen, die ich ihm danach entlocken konnte, reichen glatt für ein Buch!

Handymaniacs sind überall

6.30 Uhr, ich sitze im Sprinter von München nach Frankfurt. Ohja, zurücklehnen und noch ein bisschen schlafen, war gestern Abend doch zu spät und der Spätburgunder zu köstlich. Gerade beginnt seliger Schlummer mich zu umfangen, da reißt mich die Melodie von „Auf in den Kampf, Torero" zurück ins wache Leben. Mein Hintermann zückt sein Handy. „Guten Morgen, Hasilein, ja, ich sitze im Zug, ja, wir sind jetzt in Pasing. Nein, Frühstück habe ich noch nicht bekommen. Ja, ich melde mich, wenn ich in Mannheim bin. Ja, ich dich auch. Ciao ..."

Ich dich auch, brumme ich und schließe wieder die Augen. Mozarts kleine Nachtmusik lässt mich kurz darauf erneut hochschrecken, drei Sitze weiter braucht jemand elend lang, um das Gedudel abzustellen. „Müller", dröhnt es durch den Großraumwagen. „Ja, hallo, grüße Sie, Herr Professor. Ich bin auf dem Weg zum Meeting mit Dr. Franz. Nein, Ihr Fax habe ich nicht mehr erhalten. Hallo, ich verstehe Sie so schlecht." Die Stimme wird noch lauter. „Hallo, sind Sie noch dran? Herr Professor? Hallo?"

Ich knirsche mit den Zähnen. Welche Wahnsinnigen rufen morgens um kurz vor sieben andere Leute an? Woher wissen sie, dass die schon auf und unterwegs sind? Und mir fällt dieser uralte Witz ein, wie das mobile Telefon zum Namen „Handy" kam. Es war ein Schwabe, der fragte „Han di ka Schnur?"

Ein melodisches Piepsen reißt mich aus meinen Überlegungen, links hinten. Eine Frauenstimme meldet sich: „Angelika Wagner, hallo? Oh, Mutti ..." Leider verstehe ich mehr nicht, weil gleichzeitig der „Torehehehero" wieder loslegt. „Hallo, ja Herr Fischer ... Ja, das muss ich Ihnen erzählen. Der Deal hat geklappt, tatsächlich ... Ja, wirklich, alles zu unseren Bedingungen. Die von Baumann und Partner haben alles geschluckt, ja alles. Ich kann's selber noch nicht glauben. Erzählen Sie's bloß noch nicht herum ..."

Ein guter Rat, es hört ja nur der halbe Großraumwagen interessiert mit. Ich liebe diesen Telefonautismus, den Menschen am Handy entwickeln, als wären

Oktober 2000   39

sie mit dem Gerät am Ohr mutterseelenallein auf der Welt. Ich bin inzwischen hellwach und spitze meine Ohren, um zu hören, was denn so außergewöhnlich ...? Leider gehen die weiteren Details des Superdeals in wilden Stakatoklängen unter. Ein echt kreativ aussehender Mitreisender zieht sein echt kreatives Designerhandy aus der Sakkotasche. Hat wohl die Melodie echt selbst komponiert. Freut sich am Sound und lässt uns gerne teilhaben. „Hallo? Robert, hey, Alter, aus dem Delirium erwacht? Was für eine Sause. Du warst ja ganz schön breit gestern ..."

Mozart unterbricht. „Müller", dröhnt es, „Herr Professor ... nein, schlechte Verbindung. Ach, Sie sind mit dem Auto unterwegs? Ja, stimmt ... Ne, D2 ... ja, ich auch, wollte Ihnen erzählen ... Hallo? Hallo? Herr Professor? Sind Sie noch dran? ... Hallo ...?" Irgendwann erschlage ich ihn. Wenn der noch einmal „Hallo" brüllt. Bestimmt. Mozart hin oder her.

Beethoven übernimmt. Erkennen Sie die Melodie, hieß mal eine Sendung im Fernsehen, fällt mir dabei ein. Beethovens Nutzer beginnt, lang und breit seinem unsichtbaren, aber offensichtlich geduldigen Gesprächspartner von aktuellen Golferlebnissen zu erzählen: „... haben wir dem jungen Schmitz zehn Schläge vorgegeben und da macht der doch zwei Birdies hintereinander. Am 5. Loch, stell dir vor, habe ich noch zwanzig Zentimeter zum Einputten, kommt doch so ein Schnösel und macht mich an, weil wir ..." Das geht so mindestens zehn Minuten. Herr der Akkus, ich schicke einen Stoßseufzer zur geschmackvoll gestylten ICE-Decke, hast du denn gar kein Einsehen? Bitte, dreh doch den Schwätzern den Strom ab!

Ich liebe diesen Telefonautismus, den Menschen am Handy entwickeln, als wären sie mit dem Gerät am Ohr mutterseelenallein auf der Welt.

Oder Prügelstrafe, fällt mir ein. Prügelstrafe für böswilliges Telefonieren. Das wär's! Ich erinnere mich an eine solche Strafaktion. Ich war 8 und im Flur des alten Schulhauses, in dem ich aufwuchs, stand so ein schwarzes Telefonungetüm, schwerer Hörer, runde Wählscheibe. 297 war unsere Nummer, niemals werde ich sie vergessen. Manchmal sehe ich Autokennzeichen mit 297 und erinnere mich an unser altes Telefon. Ich hatte sogar mal eine Pinnummer von der Eurocard mit diesen Ziffern, habe ich mich immer daran erinnern können, bis mir die Karte geklaut wurde. Nie wieder bekomme ich so eine Nummer!

Nun, mit diesem Telefon spielten mein Bruder Klaus und ich eines Nachmittags Dorfbewohnern böse Streiche. Die Eltern waren nicht zu Hause, wir langweilten uns. (Liebe Kinder, damals hatten wir kein eigenes Telefon im Zimmer, genauso wenig wie Stereoanlage oder Farbfernseher. Wir telefonierten nicht gleich nach der Schule stundenlang, Kinder telefonierten eigentlich überhaupt nicht, höchstens „Sag mal der Oma guten Tag!")

Also wir suchten uns Nummern aus dem dünnen Telefonbüchlein und riefen mit – wie wir meinten – verstellter Stimme an. Als erstes beim Kohlenhändler, und bestellten vier Brickets, prustend legten wir dann schnell auf. Als nächstes war die Bäckerin, Frau Hanke, dran, bei der wir den uralten Witz „Haben Sie Schweinsöhrchen" ausprobieren wollten. Sie erkannte meine Stimme sofort: „Sabine? ...." Oh, schiet.

Als noch ein Freund meines Bruders dazukam, wurden unsere Anrufe immer derber, ich bekam es direkt ein bisschen mit der Angst zu tun, aber wir konnten auch nicht mehr aufhören. Als wir plötzlich das Auto unserer Eltern hörten, warfen wir den Hörer erschrocken auf die Gabel und versteckten uns im Kinderzimmer.

Zehn Minuten später klingelte das schwarze Ungetüm. Mein Vater, der Dorfschullehrer, ging dran – zwei Minuten später brach das Gewitter über uns los. Nach einem peinigenden Verhör und einer Tracht Prügel kam die schlimmste Strafe: Wir mussten im Dorf von Haus zu Haus gehen und uns entschuldigen. Wir liefen mit hängenden Köpfen vom unteren Dorf, der Steinbeke, vom Haus des Kohlenhändlers, bis hinauf hinter die Autobahnbrücke zum katholischen Pastor. Und jedes unserer Opfer fragte drohend: „Habt ihr eure Tracht schon gekriegt?" Unser „Ja" ersparte uns die nächste. Wenigstens.

Nie im Leben werde ich diesen Bußgang vergessen. Eigentlich mag ich immer noch nicht wieder gern telefonieren. Eine Kakophonie reißt mich aus meinen Gedanken, ein schriller Chor aus Mozart, Beethoven, Selbstkomponiertem, Pfeifen, Schrillen, alle Handys dieses Zuges scheinen mich zu verhöhnen. „Müller – Hallo – Herr Professor – Mausilein – Hallo – Ja – Ich verstehe nicht – Wagner – Hallllooooo ..."

Nur ein Klingeln verstummt nicht, die Melodie kenne ich doch, klingt genau wie meins. Herrgott, es ist meins. Bis ich das Telefon im Schlund meiner Handtasche gefunden habe, vergehen endlose Sekunden. „Ja, hallo, Schätzchen? Ja, ich sitze im Zug, nein, Mannheim. Ja, bald. Nein, weiß ich noch nicht. Ich rufe dich nochmal an. Ja, ich dich auch." Mein Mann. Ach, wie prima, dass man doch überall erreichbar ist! Ich liebe mein Handy!

Sind Frauen wirklich so?

Noch nie habe ich auf eine Kolumne so viel Feedback bekommen wie auf die im Septemberheft „Sind Männer wirklich so?". Leserinnen jubelten: „Köstlich amüsiert ... Genau so sind sie... Sag ich doch immer", Leser bestätigten: „Stimmt genau ... Manchmal ist es hart, die Wahrheit um die Ohren gehauen zu bekommen. ... Werde die Kolumne im Freundeskreis verteilen ..." Nur ein Mann verstand überhaupt keinen Spaß: „Was soll Ihre Entrüstung? Was ist daran so schlimm, dass Männer sind, wie sie sind?" Und ein Leser bat: „Jetzt müssen Sie aber bitte auch uns verraten, wie Frauen ticken!"

Okay, Recht hat er. Da wir uns sicher einig sind, dass Frauen nicht die besseren Menschen sind, nur die anderen, hier die Enthüllungsgeschichte Teil zwei: Sind Frauen wirklich so?

Meine Recherchen haben ergeben: Ja, Hilfe, sie sind so. Genau so, wie sie in Witzen beschrieben werden, genauso hart wie das Klischee. Ich traf meine Gewährsfrau heimlich in aller Herrgottsfrühe in einer Küche, eine erfolgreiche Management-Trainerin, so Mitte 40, schätze ich. Während ich in ihrem Tee rührte, und in ihre Breze biss, verriet sie mir: „Sie müssen immer beachten, 85 Prozent der weiblichen Psyche sind mit ihrer Weiblichkeit beschäftigt, nur 15 Prozent stehen für Verhandlungen zur Verfügung."

Hä, habe ich das jetzt richtig verstanden? Ich streiche einen extragroßen Klacks Butter auf meine Breze. Frauen beschäftigten sich (im Gegensatz zu Männern) weniger mit den Gedanken: „Wie wäre es, ihn zu verführen? Wie ist er wohl im Bett? Ist er verheiratet?", sondern der Fokus liegt auf der eigenen Person: „Wie sehe ich aus? Ich hätte mir heute früh die Haare doch waschen sollen ... hätte ich doch nur mein schickes rotes Kostüm angezogen ... ob er meine Beine toll findet? ... Ob ich in seinen Augen Gnade finden werde?"

Aber wenn Frauen im Büro, in der Kantine zusammensitzen, so wende ich zaghaft ein, dann drehen sich doch alle Gespräche nur um die Männer im Betrieb? Oder den erhitzten Bauarbeiter von gegenüber, der immer um zwölf die

Cola schlürft? Mein Gegenüber sieht mich ungeschminkt, aber gnadenlos aus dem Spiegel an: „Quatsch, wer glaubt das denn? Hören Sie diesen Frauen doch mal zu: Sie reden darüber, mit welcher Enthaarungscreme sie gute Erfahrungen haben und welche hässliche rote Flecken erzeugt. Wildfremde Frauen, die sich auf einem Kongress treffen, sprechen in der Kaffeepause nach fünf Minuten über ihre Menstruationsprobleme. Oder über ihre Kinder. Oder über die beste Methode abzunehmen. Ich habe noch nie so viele verschiedene Diättipps bekommen wie auf den versammelten Sekretärinnenkongressen Deutschlands. Und zwar von den anwesenden Trainerinnen!"

Oh, wie unerotisch. Ich versuche noch einen kleinen Einwand: „Aber Männer spielen doch die entscheidende Rolle in unserem Leben, auch als Chef?" „Stimmt," gab meine Interviewpartnerin endlich zu, „schließlich lernen sich mehr als ein Drittel aller Paare im Job kennen. Aber Frauen sind einfach pragmatischer als Männer. Sie gehen strategischer, logischer an ihre Eroberung heran. Sie lassen sich längst nicht so sehr von ihren Hormonen steuern wie Männer."

Was, das gibt's doch nicht! Stimmt das wirklich, dass in Wahrheit die Männer das romantische Geschlecht sind und Frauen die knallharten Taktiker? „Na, klar, du Schäfchen," fällt meine Gewährsfrau jetzt ins vertrauliche „Du": „Frauen regieren längst heimlich die Welt. Warum, glaubst du, braucht ein Vorgesetzter eine Assistentin? Damit sie ihm sagt, was er machen soll. Du kennst doch den Spruch: Hinter jedem erfolgreichen Mann steckt eine kluge Frau.

In Wirklichkeit sind Frauen gar keine scheuen Rehe. Eiskalt und brutal betreiben sie im Büro die Vorbereitungen zur Brutpflege.

Und ich sag dir, nicht eine, sondern mindestens zwei. Frauen beherrschen längst die Wirtschaft, und zwar meistens im Doppelpack: Der Coach daheim sorgt für die nötige Motivation und der Coach im Büro sorgt dafür, dass die richtigen Entscheidungen gefällt werden. Männer wissen das bloß nicht."

Nein, das kann nicht sein, nicht zu Beginn des 3. Jahrtausends, nein, das glaube ich einfach nicht. Dass Frauen Männer so schamlos ausnutzen, sie schuften lassen bis zum Herzinfarkt, sich kalten Herzens den Erzeuger ihrer Kinder auswählen. Sich im Licht seiner Macht, seiner Gehaltsüberweisung sonnen?

Meine Gesprächspartnerin gießt sich Tee nach, ihr Lächeln wird noch eine Spur spöttischer: „Frauen sind einfach durch 5 Millionen Jahre Instinkt geprägt. Die Hüterin des Herdes muss schauen, dass sie an einen tüchtigen Jäger und Sammler kommt. Denkst du, das ist in 30 Jahren zu ändern?"

Mir wird klar, ja, sie hat Recht. In Wirklichkeit sind Frauen gar keine scheuen Rehe, keine armen Opfer, wie sie sich immer wieder hinstellen. Eiskalt und brutal betreiben sie im Büro die Vorbereitungen zur Brutpflege. „Schau dir doch die vielen Sekretärinnen an, die sich ihre Chefs gekrallt haben ...", höre ich. „Oder denk an die Scheidungsanwältinnen, die sich in Ehen von Spitzenpolitikern drängen." Nee, also das geht mir jetzt doch zu weit. Also, das kann doch nicht alles Kalkül sein, das ist doch Zufall, Liebe, Schicksal.

Männer können sich doch nicht hilflos diesem Abzocken hingeben? Papa, stimmt es etwa doch, was du deinem Söhnchen früher erzählt hast: „Mach ein breites Kreuz, dann bekommst du die richtige Frau für deine Kinder ...?"

Die bittere Wahrheit ist: Noch in der keuschesten Buchhalterin steckt das Gorillaweibchen, das von seinem Fortpflanzungstrieb gesteuert wird. Und wenn Augen und Nase nach sorgfältiger Prüfung ihr sagen: Hier sitzen die besten Gene, dann ist vom Pförtner bis zum Vorstandsvorsitzenden niemand vor ihr sicher.

Ich bin erschüttert. Mein Weltbild, das nach dem Aufstehen noch heil und rosig war, ist erschüttert. „Eine Frage noch," halte ich meine Gesprächspartnerin auf, die gerade unter der Dusche verschwinden will, „warum machen die Männer das mit?" Sie kichert und dreht die Brause an: „Weil es ihnen verdammt gut damit geht!" Aha. Vielen Dank für dieses Gespräch.

Advent, Advent, die Sonne brennt ...

Ich freue mich auf Weihnachten, auf Fondanteier und Schokohasen, Waffeleier und lustiges Eierpicken. Wie, Sie meinen, ich hätte mich im Fest geirrt? I wo, Sie sind von gestern! Moderne Leute wie ich sind der Zeit einfach voraus. Sie träumen vielleicht noch von Lebkuchen und Schoko-Nikoläusen! Igitt, dieses olle Zeug. Das habe ich schon Anfang September genossen, kurz nach dem Sommerurlaub. Ich musste nur immer aufpassen, dass das ganze Zeugs nicht in der Sonne schmolz, als ich bei 33 Grad am Starnberger See auf der Luftmatratze die ersten Lebkuchenherzen vernaschte. Ich gebe es ja zu, noch vor einigen Jahren hat es auch mich schier umgehauen, wenn ich am Ende der Sommerferien im Tengelmann die ersten Dominosteine erblickte. Mit offenem Mund stand ich damals vor dem Wühltisch in der Ladenmitte mit den verschiedensten Weihnachtskeksen: Lebkuchen mit heller Schokolade, mit dunkler, mit Kirschfüllung, Spekulatius mit und ohne Mandeln. „Sind die irre?", war das Einzige, was ich herausbrachte. Doch man gewöhnt sich an alles, und wie heißt es so schön: „Future is in." Die Zeiten ändern sich und die Zeit verrinnt immer schneller. Haben Sie schon einmal Anfang Dezember versucht, einen Skianzug zu kaufen? Also dann, wenn tatsächlich mit dem ersten Schnee zu rechnen ist und Sie Ihren Winterurlaub im Februar planen? Die Verkäuferinnen starren Sie an wie den letzten Steinzeitmenschen: „Also, da hätten Sie im August kommen müssen, da hatten wir noch die breite Auswahl. Hä, im August? Na klar! Ich Dummerchen, ich. Während ich auf Balkonien die Füße ins kalte Wasser gesteckt habe, um bei 36 Grad nicht ohnmächtig zu werden, sind die schlauen Füchse schon unterwegs gewesen: Skianzüge probieren, am liebsten die aus Goretex, atmungsaktiv, und mit lustigem Webpelzbesatz an der Kapuze. Diese Zeitverschiebung zieht sich inzwischen durch das ganze Jahr: Bikinis kauft man am besten im Januar, denn schon im Mai werden die Regale für die Herbstmode geräumt. Ist Ihnen schon mal aufgefallen: Sogar Frauenzeitschriften erscheinen immer früher: Die Dezembernummer bekommen Sie schon Mitte November und die Januarausgabe rechtzeitig vor Weihnachten. Irgendwann werden die sich um ein Jahr überholt haben. Dann erscheint die Juliausgabe 2002 schon im Juli 2001. Na, wär' ja eigentlich auch egal. Langfristiges Planen ist also angesagt. Ich finde das okay, wenn's ums Geschäft geht, auch wenn ich mir schon komisch vorkomme, wenn ich am Telefon sagen muss: „Also der Oktober nächstes Jahr ist schon ziemlich voll, ich weiß nicht, ob wir da noch einen Termin reinbekommen." Natürlich müssen Veranstalter und Unternehmen langfristig planen. Das macht Sinn. Aber manchmal nimmt das schon komische Formen an. Ich erinnere mich, wie ich Mitte September die ersten Geschenkservice-Kataloge mit den Weihnachtspräsent-Angeboten auf den Schreibtisch bekam. Süße Engelein posaunten auf allem, was sich bedrucken lässt und nicht schreit. Teelichter flackerten in allem, was rund, silbern oder gold war. Das Fest drohte, während ich es in dieser Zeit gerade mal schaffte, endlich die Urlaubsbilder zum Entwickeln zu bringen. Aber das ist ja gar nichts, wenn man die Weihnachtsläden sieht, die gleich ganzjährig Rauschgoldengel und Weihnachtskrippen anbieten. Ich kannte so einen Laden in Rothenburg ob der Tauber, in dem Hundertschaften von japanischen und amerikanischen Touristen „how nice" deutsche Weihnachtskultur erobern. Aber neulich entdeckte ich so einen Ganzjahreskitschladen sogar in einer kühlen Hamburger Einkaufspassage, im Levantehaus.

Damals legten wir die Äpfel auf den glühenden kleinen Kanonenofen. Dann krachte und puffte es in den Äpfelchen und der Saft schmolz zischend über die Platte.

Christmas forever! Vielleicht finden Sie das spießig, aber mir geht das ziemlich auf die Nerven. Ach was: Ich bekenne mich offen zu meinem Konservatismus. Ich erinnere mich daran, wie ich als Kind am ersten richtig widerlichen Novemberwochenende die ersten Bratäpfel gebrutzelt habe. Und zwar nicht mit Sherrysoße, Marzipan und solchem neumodischen Schnickschnack, sondern wir legten die rotwangigen Äpfel aus dem eigenen Garten einfach auf die glühende Platte des kleinen Kanonenofens, der unser Kinderzimmer beheizte. Dann krachte und puffte es in den Äpfelchen, die Schale blähte sich, der Saft schmolz zischend auf der Platte. Ich erinnere mich an diesen unvergleichlichen Duft, den tröstlichen, den verheißungsvollen. Da war der Tag gleich gar nicht mehr so dunkel, das Wetter gar nicht mehr so nass. Die Familie saß gemütlich zusammen und freute sich auf die nächsten Wochen, auf den Advent (das Wort bedeutet schließlich Vorfreude). Man kann nicht alles haben? Besinnlichkeit und High Tech? Globalisierung und Gemütlichkeit? Zeitraffer und Zeit? Schade eigentlich. Aber versuchen kann man es jedenfalls. Für mehr Sinnlichkeit, mehr Lust, mehr Genuss. Mehr davon wünsche ich Ihnen jedenfalls für die nächsten Wochen, für die „staade Zeit", also die ruhige Zeit, wie man in Bayern die Vorweihnachtszeit nennt. Einen Augenblick, um verträumt in das Schneetreiben vor dem Fenster zu starren; einen Moment der Freude, wenn liebe Menschen, ob Kollegen oder Kunden, uns wirklich eine gute Zeit wünschen; und die Kraft, sich nicht stressen zu lassen, weil man weiß, auch nach Weihnachten dreht die Welt sich weiter.

Je oller, je doller!

Also, man spricht ja nicht gerne darüber. Genauso wenig wie über graue Haare. Wie unangenehm. Aber ich kann Ihnen verraten: Älterwerden ist grandios! (Wobei das Altern in unserer Gesellschaft ja schon mit Ende 20 anfängt.) Wenn Sie die Plusfaktoren des Älterwerdens annehmen können, werden Sie damit noch erfolgreicher werden. Zwei Sätze sollte sich jeder von uns ab sofort verbieten. Der eine ist: „Dafür bin ich noch zu jung!" und der andere: „Dafür bin ich schon zu alt!" Seit 17-Jährige an die Börse gehen und 90-Jährige Erfolge auf den Bühnen der Welt feiern, spätestens seit dieser Zeit sind solche Sätze obsolet. Ich kann das alberne Gequatsche von Menschen nicht mehr hören, die ständig mit ihrem Alter kokettieren. „So ein modischer Rock? Nee, in meinem Alter", sagt eine todschicke Enddreißigerin. „Ach, in meinem Alter geht das alles nicht mehr so schnell", jammert ein Fünfzigjähriger. Schon zum 30. Geburtstag gibt es Glückwunschkarten, die den Jubilaren einreden, „Jetzt gehörst du auch zum alten Eisen ..." Hei, Leute, wer redet uns da was ein? Hören wir endlich auf damit, uns selbst alt zu reden. Sonst glauben wir es wirklich noch einmal. Schauen wir uns lieber an, welche klasse Chancen das Älterwerden bietet: Mit unserer Erfahrung sind wir jedem Berufsanfänger voraus. Das heißt allerdings nicht, sich darauf auszuruhen. Niemand ist zu alt, um sich nicht immer wieder fit auf seinem Gebiet zu machen. Wir wissen, wie man sich Ziele setzt und sie auch erreicht. Ja, eben, ich hör schon den Seufzer, was gibt es da noch zu erobern? Statt zur lahmen Ente zu werden, lasst uns unsere Erkenntnisse lieber weitergeben, lasst uns zum weisen Mann oder zur weisen Frau werden, die gerne gefragt werden, lasst uns unser Wissen in Initiativen und Projekte einbringen, lasst uns selbst Herausforderungen ausdenken. Erst wer aufhört, Ziele zu haben, ist wirklich alt. Wenn Sie sich manchmal uralt fühlen, weil in Ihrer Firma nur noch 23-Jährige arbeiten, dann überlegen Sie, ob es nicht Zeit ist, noch einmal etwas Neues anzufangen. Sich mit einem eigenen Unternehmen selbstständig zu machen. Sich mit einer neuen Idee zu profilieren, den Wechsel zu wagen. Wenn Sie gerade in der Midlifecrisis stecken, schauen Sie sich doch einmal um, welche aktiven oder berühmten Männer und Frauen Sie in Ihrem Alter oder gar älter kennen. Steve Martin hat sich in dem Film „Vater der Braut 2", als er Opa wurde, von seiner Sekretärin alle berühmten Männer raussuchen lassen, die älter sind als er: Mick Jagger, Woody Allen. ... und es ging ihm wieder besser.

Schauen Sie sich Iris Berben an, die ihren Fünfzigsten zelebrierte, und neben der Schauspielkarriere erfolgreiche Restaurantbesitzerin wurde. Von Beate Uhse mal gar nicht zu reden. Die Hollywood-Schauspielerin Goldie Hawn („First Wives Club") ist 54 Jahre alt, vierfache Mutter und lebt seit 17 Jahren glücklich unverheiratet mit ihrem Kollegen Kurt Russel zusammen. Sie hat der amerikanischen Zeitschrift „Redbook" in einem Interview verraten, warum sie immer (noch) glücklich ist: 1. Heb nicht ab, auch wenn du noch so berühmt wirst. 2. Setze Prioritäten, was dir das Wichtigste im Leben ist. 3. Kümmere dich um die, die du liebst. 4. Suche Ruhe, meditiere auch einfach so zwischendurch. 5. Suche Herausforderungen, wer willst du mit 60, 70 oder 80 sein? Überlegen Sie sich: Was habe ich gelernt? Aus Erfolgen, aus Misserfolgen? Welche Erfahrungen kann mir niemand mehr nehmen? Machen Sie sich eine Stolz-Liste: eine Liste, auf der Sie alles sammeln, was Sie heute können und mit Anfang 20 noch nicht. Manchmal müssen wir es uns schriftlich geben, dass wir klasse sind. Als ich 16 Jahre jung war, habe ich mir einmal zusammen mit meinen Cousinen ausgerechnet, wie alt wir bei der Jahrtausendwende sein werden. Und ich erinnere mich daran, wie verzweifelt ich war, als herauskam, dass ich dann schon 46 sein würde. Ich dachte in der Tat: „Ein so einmaliges Erlebnis, und du wirst zu alt sein, um etwas davon zu haben!" So ein ausgemachter „Schmarren", weiß ich heute. Stattdessen war der Millenniumswechsel eines

> **Statt zur lahmen Ente zu werden, lasst uns unsere Erkenntnisse lieber weitergeben, lasst uns zum weisen Mann oder zur weisen Frau werden, die gerne gefragt werden.**

der schönsten Silvester, die ich jemals verbrachte – mit meinem Mann und meinen Kindern zusammen, in einem traumhaften Hotel in Mainz mit Feuerwerk über dem Rhein, feinem Essen, gutem Wein, fetziger Musik und sehr viel Freude. Ja, wenn ich vielleicht Mitte 70 gewesen wäre ... Quatsch, meine Mutter ist an diesem Abend mit Freunden tanzen gegangen, in Andalusien, wo sie seit vielen Jahren fröhlich lebt. Ja, wenn ich über 90 gewesen wäre. Quatsch, meine 95-jährige Großmutter hat dieses Silvester im Kreis ihrer Lieben sehr fröhlich verbracht, und sogar mit einem Gläschen Sekt angestoßen. Ich habe mal zusammengetragen, was ich an meinem Alter und besonders an dem „Ältergewordensein" besonders schätze: Ich habe so viel schon erlebt, mich kann fast nichts mehr schrecken. Wer will mir denn noch Angst machen? Ich kenne die Menschen, ich weiß, wie sie ticken, was sie fürchten und was sie erhoffen. In Verhandlungen kann mich keiner mehr schlagen. Als junge berufstätige Frau hatte ich eine Art Stacheldraht um mich aufgebaut. Das Leben war hart und ich schrie: „Ich zeig's euch!" Inzwischen habe ich gelernt, dass ich mit Charme und einem Lächeln viel leichter mein Ziel erreiche. Meine Kinder sind groß. Ich genieße es, mit ihnen zusammen zu sein. Finde es aber auch wunderbar, mit meinem Mann neue Pläne zu schmieden oder beispielsweise ganz spontan verreisen zu können. Ich arbeite im Trainingsbereich und da ist jedes Jahr Erfahrung Gold wert. Sprich, ich bekomme immer schönere Aufträge und verdiene mehr. It's great! Die finanziellen Belastungen werden kleiner, es bleibt mehr Geld zum Genießen übrig – oder für ein eigenes Unternehmen. Die Gelassenheit, die ich heute habe, hätte ich mir zu Beginn meiner Berufstätigkeit gewünscht, dann hätte ich manches anders gemacht. Die Schlüssel zu dieser Gelassenheit: Achtsamkeit, Balance, Geduld, Vertrauen, Klugheit, Großzügigkeit, Humor! Ich genieße die Wertschätzung, die mir von männlichen Geschäftspartnern entgegengebracht wird, als junge Frau musste ich mich viel mehr behaupten. Und je aufgeschlossener ich Männern gegenüber werde, umso mehr Unterstützung bekomme ich von ihnen. Es war ein großer Schritt für mich, als Herausgeberin der Zeitschrift *working@office* zu fungieren, wobei meine Aufgabe anfangs vor allem darin lag, meine Erfahrung und Erkenntnisse an die jungen Macher/innen weiterzugeben. Ehrlich gesagt: Ich habe ein bisschen gebraucht, um meine Rolle aus vollem Herzen zu akzeptieren. Übrigens: Ich habe vor einem Jahr beschlossen, zu den feinen silbernen Strähnchen in meinem Haar zu stehen. Was soll's, von jeder einzelnen weiß ich doch, woher ich sie habe. Rechts oben: durchwachte Nächte am Kinderbett. Links unten: harte Zeiten im Job, da hatte ich doch mal den kreisrunden Haarausfall vor lauter Stress. Mitte hinten: nicht gesagt, was ich wollte, nicht bekommen, was ich sollte … Mein Friseur behauptet: Seit ich mich zu meinen Haaren bekenne, bekämen sie einen ganz neuen Schwung. Wie ich.

Die Nein-Kur für die Ego-Figur

Na, haben Sie auch wieder Silvester gute Vorsätze beschlossen? Gesünder leben, mehr Zeit für Ihre Familie haben? Oder endlich einen lang ersehnten Wunsch erfüllen? Mit dem Chef sprechen? Etwas anderes verändern? Und, wie weit sind Sie gekommen? Sie haben es bisher geschafft, Ihrem Vorsatz treu zu bleiben? Glückwunsch. Ach, Sie haben schon wieder vergessen, was Sie sich vorgenommen hatten? Willkommen im Club! Was ist so elend schwer daran, etwas zu verändern? Obwohl wir es doch wirklich wollen? Ich zum Beispiel. Ich nehme mir seit langem vor, dieses Jahr aber wirklich weniger zu schuften, mehr freie Zeit zu haben. Öfter auf dem Sofa zu liegen. Und dann kommen immer wieder so verlockende Aufträge, da kann ich doch nicht ...

In einem Workshop „Mut zur Veränderung" habe ich vor kurzem mal wieder mit Teilnehmerinnen diskutiert, welche Gründe dahinter stecken, dass wir so zögerlich bei Veränderungen sind. Und wir kamen auf eine ganze Liste: Ängste, Bequemlichkeit, mangelnde Motivation, der innere Schweinehund – und ganz oben auf der Liste stand: Nicht Nein sagen können!

Damit ist das große Geheimnis schon gelüftet. Denn wenn wir zum Gewohnten nicht ungehemmt Nein sagen können, dann können wir zum Neuen auch nicht ungehemmt Ja sagen. Die Folge: Wir mäandern mit einem ewigen „Jein" durchs Leben. Beispiel Job: Wir hatten uns in der Neujahrsnacht vielleicht vorgenommen, uns mehr Zeit für unseren Partner oder unsere Familie zu nehmen. Schon nach zwei Wochen merken wir, wir schaffen es wieder nicht, abends vor halb acht aus dem Büro zu kommen. Kurze Analyse, woran liegt das? Erstens: Es ist immer so viel Arbeit übrig, wenn der Tag schon vorbei ist. Okay. Zweitens: Wir können nicht Nein sagen. Was lähmt unsere Zunge, führt zu dieser hinderlichen Hirnleere, wenn wir kurz davor sind, es zu tun? Ich behaupte: Die Angst, dass wir dann nicht mehr lieb gehabt werden! Und diese Angst ist sehr, sehr alt.

„Kinder, die was wollen, kriegen was hinter die Bollen!", heißt ein Spruch aus meiner norddeutschen Heimat. Etwas abgewandelt: „Kinder mit 'nem Willen, kriegen was auf die Brillen." Autsch. Aber wir sind doch keine Kinder mehr, werden Sie jetzt vielleicht denken, sondern erwachsene Frauen, die mitten im Leben stehen, tüchtig sind, etwas leisten, Anerkennung bekommen? Aber sicher.

Vergleichen wir mal das Erwachsenwerden mit einem Mensch-ärgere-dich-nicht-Spiel. Die Aufgabe: Vier oder fünf Figuren ins Ziel bringen. Würfeln, ziehen, schlagen, würfeln, ziehen, geschlagen werden, wieder von vorne anfangen. Vielleicht haben wir schon drei Figuren sicher ins Haus bekommen, oder schon vier. Sie heißen vielleicht Können, Erfahrung, Leistung und Willen. Aber das letzte ist noch auf dem Weg. Im Leben heißt es vielleicht „Ego". Und das ist noch nicht ans Ziel gekommen. Weil wir in unserer Entwicklung noch nicht angekommen sind. Dieses kleine bunte „Ego" ist vielleicht einmal zu viel geschlagen worden, und hat die Lust verloren, seinen Weg zu gehen. Irgendjemand hat ihm vielleicht den Schneid abgekauft. Womöglich hat es zu oft den Satz gehört: „Wen interessiert das?" Oder: „Wer bist du schon?" Oder: „Sei brav!" Und das kleine „Ego" dachte sich irgendwann selbst: „Ich bin nicht so wichtig!" Oder: „Egoismus ist bäbäh!".

Viel wichtiger sind erst einmal die anderen. Sie haben ein Recht darauf, dass ich für sie da bin, Dinge erledige, sie glücklich mache. Für mich bleibt da leider weder Kraft noch Zeit übrig.

Frauen, die ab und zu mal deutlich „Nein" gesagt haben, wurden weder beschimpft noch gekündigt, sondern ganz einfach akzeptiert – und respektiert.

Und wir leisten und schaffen, beweisen uns und bekommen auch Anerkennung. Aber dazwischen fällt immer wieder das kleine „Ego" um. Zurück zum Ausgangspunkt, „gehe nicht über Los, ziehe nicht viertausend Mark ein". Nur, auf diesem Weg kommen wir niemals zum „Ja". Solange wir es nicht schaffen, Ja und noch einmal Ja zu unseren eigenen Bedürfnissen und Sehnsüchten zu sagen, werden wir immer wieder aus dem Spiel geworfen. Lassen uns „schlagen", fangen wieder von vorne an, setzen unsere Wünsche ganz nach hinten auf die Liste. Das ganze Leben ist ein Spiel, glauben Sie mir!

Wer Nein sagen kann, kann auch Ja sagen! Und umgekehrt. Wenn ich mir selbst genauso wichtig bin wie die anderen, dann bin ich motiviert, meine

Interessen wahrzunehmen und durchzusetzen. Wenn ich meine Wünsche den Wünschen anderer entgegensetze, werde ich die Meisterin meines Lebens, wie es so schön heißt.

Neulich hörte ich einen wunderbaren Satz: „Harmonie entsteht aus Klarheit!" Ist es nicht viel angenehmer, ab und zu deutlich Nein sagen zu können, als grummelnd etwas zu tun, und hinterher übel zu nehmen? Übelnehmen macht so böse kleine Falten auf der Stirn. Das macht doch keinen Sinn. In meinem Workshop neulich saßen auch einige Frauen, die sich diese Falten ersparen wollten, die offensichtlich das „Ego"-Figürchen schon zu Hause hatten. Im Alter übrigens völlig unterschiedlich, einige Mitte 30, andere Anfang 50. Diese Teilnehmerinnen waren die großen Mutmacher für die anderen. Sie erzählten nämlich, dass sie weder beschimpft noch gekündigt werden, wenn sie ab und zu mal deutlich „Nein" sagen, sondern ganz einfach akzeptiert – und respektiert werden. Und sie berichteten, dass das Spiel des Lebens dadurch deutlich fröhlicher geworden ist. Das macht doch Sinn! Da lohnt es sich doch, das nächste „Nein" – charmant und souverän – über die Lippen perlen zu lassen. Also, mehrere „Sechsen" würfeln, das Ego-Figürchen mutig nach vorne bewegen. Und schauen, was passiert. Der Einsatz lohnt sich!

Tausche Handtasche gegen Mokkaservice!

Neulich bekam ich die Einladung zu einer außergewöhnlichen Party: einer „Mach-was-aus-widerlichen-Geschenken-Party". Freunde von uns luden ein, scheußliche Dinge, die man irgendwann zu Weihnachten oder zum Geburtstag geschenkt bekommen hatte, in einer Art Würfelspiel gegen vielleicht etwas Besseres umzutauschen.

Sie wissen, von welchen Scheußlichkeiten ich spreche: Petrolgrüne Plastikvasen mit künstlichen Blumen etwa, die uns eine Tante aus ihrem letzten Türkeiurlaub mitgebracht hat. Oder Maniкür-Sets in burgunderfarbenem Kunstleder von der Oma. Oder Lurexpullover in unseren Hassfarben oder Badekugeln für Duschfreaks oder ein rosa Kamel, wo doch alle wissen müssten, dass wir blaue Elefanten sammeln, oder, oder ...

Auch im Büro ist man nicht vor Überraschungen gefeit. Da haben die Kollegen ganz stolz für ein Monstrum von Schal gesammelt und überreichen ihn genau in dem Augenblick, in dem man erstmals in den quietschgrünen Geburtstagskuchen beißt, den der Kollege aus der Buchhaltung gebacken hat (huch, lustig). Wie behält man mitten in einem Erstickungsanfall die Contenance? Wie löst man sich damenhaft aus der folgenden Schockstarre? Wie hindert man Augen am Rollen, Gesichtszüge am Entgleisen? Und wie schafft man es dann, ein bezauberndes Lächeln hinzubekommen und ein „Danke, ihr seid so lieb" zu hauchen?

Doch es kommt noch viel schlimmer: Wie oft muss man die großgeblümte, kunstseidene Bedrohung tragen, damit die lieben Kollegen und Kolleginnen nicht enttäuscht oder gar beleidigt sind? Und wie kann man trotzdem seinen Ruf als stilsichere Frau von Welt retten? Ein Schild umhängen vielleicht: „Diesen Schal bekam ich von meinen Kollegen – ich kann nichts dafür?"

Das Dumme daran: Würde uns an den Schenkern nichts liegen, träte mit einem „Klapp" der Mülleimer in Kraft. Doch würden wir damit nicht wichtige Menschen um uns herum verprellen? Was tun mit dem goldgeprägten Time Planner, den der Chef uns stolz zum Jahreswechsel überreicht hat, für unsere eigenen Termine, und der leider mit seinen anderthalb Kilo auch nicht in die großzügigste Handtasche passt? Wir können sicher sein, dass der edle Spender mit Argusaugen überwacht, ob wir den Kalender auch schön nutzen. Aber wofür? Die beruflichen Termine stehen in der Schreibtischagenda, die privaten gehen niemanden was an.

Da hilft nur eins: Das Pfundsstück (den Planner, nicht den Chef) mit nach Hause nehmen und ihm (dem Chef, nicht dem Planner) immer wieder mal vorschwärmen, wie unersetzlich er (der Planner, nicht der Chef) doch ist. Muss er (der Chef) ja nicht wissen, dass gerade mal der Termin für den Tierarzt von Kater Carlo drinsteht, oder dass die Kinder ihn (den Planner) lieben, weil sie wunderbar Büro damit spielen oder tolle Papierflieger daraus basteln können.

Ich habe persönlich ein ganz besonderes Geschenketrauma. Ich war vielleicht sieben oder acht, als ich mit meinem Taschengeld meinem Lieblingsbruder vor Weihnachten ein kleines Schokoladenauto kaufte. In den nächsten Tagen schwärmte ich ihm vor, was er Tolles von mir bekommen würde. „Du wirst dich wundern. Es ist fantastisch. Einmalig. ..." Und zwei Abende vorher passierte es: Ich bekam einen übermächtigen Schokoladenhunger, konnte meine Hände nicht mehr kontrollieren, die das silberrote Papier aufrissen. Schwups, ein Happs, das wundervolle Auto war verschwunden.

Auch im Büro ist man nicht vor scheußlichen Geschenken gefeit. Wie oft muss man die großgeblümte, kunstseidene Bedrohung tragen, damit die lieben Kollegen und Kolleginnen nicht enttäuscht oder gar beleidigt sind?

Oh Schreck, das Geschenk weg und kein Geld, um ein neues zu kaufen. Himmel, was sollte ich nur machen? Ich war völlig verzweifelt, wollte das Bruderherz doch nicht enttäuschen. Ich versuchte, das Papier mit einem Stein zu füllen und die Autoformen wieder herzustellen. Es misslang. Zehn Minuten vor der Bescherung, beim Abtrocknen in der Küche, noch keinen Peil, dann eine Geste der Verzweiflung. Auf der Fensterbank in unserer Küche dümpelten ein paar uralte Mini-Kakteen vor sich hin, so kleine, runde, haarige Biester.

Heimlich schnappte ich mir eins davon, wickelte es in meinem Zimmer in Geschenkpapier, machte eine rote Schleife drum, und überreichte das Geschenk mit hochrotem Kopf. Als mein Brüderchen den Kaktus auspackte – also, diesen Gesichtsausdruck werde ich niemals vergessen. Erde, tu dich auf und verschlinge mich ... Jahre später habe ich ihm meinen Sündenfall gebeichtet, aber ich werde diese Qual, diese Scham und diese Enttäuschung niemals vergessen. Vielleicht liegt es daran, dass ich mich bis heute auch für die noch so scheußlichen Sachen freundlich bedanke, und es nicht übers Herz bringe, sie auf der Stelle zu entsorgen.

Das Dumme an der Geschichte ist, dass die lieben Schenker es als Ermutigung empfinden, mich bald wieder glücklich zu machen. In meinem Wohnzimmerregal befindet sich schon eine ganze Sammlung kleiner Mitbringsel meiner reisefreudigen Tante. Sie meint es wirklich lieb, und ich freue mich auch, dass sie an mich denkt, wenn sie mir Kunsthandwerk, oder eher Kunststoffhandwerk (ist wohl leichter zu transportieren) aus aller Herren Länder kauft. Aber wie sage ich ihr, dass es nun genug ist?

Und wie werde ich die Dinger wieder los? Runterfallen lassen funktioniert nicht (ich hab's versucht), aber schließlich ist es ja verdammtes Plastik. Ich würde die Scheußlichkeiten ja mit auf die nächste „Mach-was-aus-widerlichen-Geschenken-Party" mitnehmen – aber wie soll ich Tantchen das Verschwinden der putzigen Sachen erklären? Und außerdem möchte ich meine Freunde noch länger behalten.

Apropos, Party, dort habe ich etwas Überraschendes erlebt. Was wir nur mit spitzen Fingern anfassen, finden andere zum Weinen schön. Das Spiel geht so: Jeder stellt sein Lieblings-Hass-Objekt vor sich, größere Objekte wie messing-gehämmerte orientalische Kleiderständer neben sich, und dann wird gewürfelt. Jeder, der eine „Sechs" würfelt, darf mit einem anderen tauschen. Beispiel: „Tausche meine lehmbraune Handtasche gegen dein Mokkaservice mit Goldrand." Und so geht das immer hin und her. Sie werden es nicht glauben, irgendwann ruft jemand begeistert: „So eine Handtasche wollte ich mir immer schon kaufen! Die passt genau zu meinem neuen schlammbraunen Kostüm!"

Und das Mokkaservice werden Sie auch noch los – im Tausch gegen die molligen Filzhausschuhe im Schottenlook, die Sie sich immer schon gewünscht haben. Genau die Hausschuhe, die Ihr Freund Robert mit angeekeltem Gesichtsausdruck aus der Tasche gezogen hat: „Von meiner Ex-Freundin zum letzten Geburtstag bekommen. Das war das Ende unserer Beziehung." Geschmack ist eben eine sehr individuelle Angelegenheit! Verzeih mir, Tante Monica.

Keine Angst vorm Fliegen

Manche Menschen sagen ja, für sie ist Fliegen wie Straßenbahnfahren, nur noch lästiger. Klingt natürlich cool. Ich muss zugeben, ich fliege immer noch unheimlich gern. Wenn mich das Taxi zum Flughafen bringt, bin ich froh gestimmt, freue mich aufs Abheben, genieße die Atmosphäre am Airport, rieche den Duft der großen weiten Welt. Leider geht es meist nach Hamburg statt nach Honolulu oder nach Münster/Osnabrück statt nach Milano (nichts gegen Hamburg, Münster oder Osnabrück!).

Trotzdem ist jeder Flug ein kleines Abenteuer. Allein der Start ist jedes Mal ein Erlebnis. Ich schließe die Augen, lehne meinen Kopf an die Rücklehne und bin mit allen Sinnen dabei. Ich bebe mit, ich schwebe mit. Hallo, Turbulenzen, ihr könnt kommen! Achterbahnfahren habe ich immer schon geliebt.

Das ist die paradiesische Seite des Fliegens. Ansonsten gelten die Gesetze des Dschungels. Da sind diese berüchtigten Morgenflieger, Start 6:35 Uhr. Lauter graue Gesichter in grauen Anzügen rings um dich herum. Mich erinnern sie immer wieder an die „grauen Herren der Zeit" aus dem Buch „Momo" von Michael Ende. (Kennen Sie nicht? Sollten Sie lesen. Beste Business-Literatur!!!) Noch vor einer knappen Stunde standen sie mit trüben Augen vor dem Badezimmerspiegel: „Ich kenn dich nicht, aber ich wasch dich trotzdem!" Jetzt versuchen sie, sich über den Wolken wieder zu finden, und sich einzustimmen auf den feindlichen Business-Alltag.

„Ich bin böse, ich greife an ..." Zum Rambo-Programm gehört es offensichtlich, beim Mantelausziehen dem Nachbarn kurz aber hart den Ellenbogen in die Magengrube zu rammen. Autsch. Dann beginnt der Fight um den Raum. Mittelplatz gegen Seitenplätze: Wer erringt die Lufthoheit über die Armstützen? Oder: Wie weit kann ich meinem Nachbarn die Bildzeitung oder FAZ ins Gesicht stoßen, bevor er sich wehrt? Ein lautloser Kampf entbrennt, aber verbissen. Millimeter um Millimeter, Ellenbogen an Ellenbogen. Nur unterbrochen durch die freundlichen Flugbegleiter, die uns ein Kaltgetränk anbieten –

„Mit Zitrone?" oder Kaffee – „Mit Milch und Zucker?" Nein lieber einen Tomatensaft: „Mit Pfeffer und Salz?" Und immer in dem gleichen Singsang. Wahrscheinlich würden sie dich im Notfall ebenfalls so ansirren: „Mit Schwimmweste oder ohne?"

Manchmal habe ich allerdings Pech, dann sitze ich zwischen zwei Super-Fightern, warte verzweifelt auf die kurze Unterbrechung mit Cola light und O-Saft. Aber zwei Reihen vor mir dreht der Getränke-Trolley plötzlich um: „Es tut uns leid, dass wir unseren Service an Bord aufgrund der kurzen Flugzeit leider einstellen müssen." Keine Schonung bis zur Landung.

Im Abendflieger zurück dann wieder die gleichen Gesichter, inzwischen leicht gerötet vom Abenteuer Karriere und leicht transpirierend. Wenn sich der Einzelkämpfer neben dir das verschwitzte Jackett auszieht, wabern dir die Stresshormone eines ganzen Tages nur so um die Nase. Wenn du Pech hast, die Folgen des griechischen Hirtensalats vom schnellen Mittagessen noch dazu. Und der Notausgang ist viel zu weit weg.

Dafür ist dein Nachbar in der Regel jetzt aber redseliger, bestellt sich gut gelaunt einen Schampus oder Rotwein – Gin tonic gibt es ja leider in der Holzklasse nicht mehr – und überlässt dir nach kurzem Ringen sogar großmütig eine Hälfte der mittleren Armlehne. Drückt dafür aber auch großzügig sein Knie gegen deines. Weil, irgendwann muss man ja mal entspannen.

Mittelplatz gegen Seitenplätze: Wer erringt die Lufthoheit über die Armstützen?

Aber auch abends gibt es Ausnahmen: die wahren Helden der Arbeit, die ihre Tagesausbeute noch auf dem Flug in ihr Notebook eingeben müssen. Kaum haben die Räder die Haftung mit dem Rollfeld verloren, klappen sie schon ihren schwarzen kleinen Freund auf und hacken verbissen ihre Berichte in die Tasten. Ob blond, ob braun, ob Männer oder Frauen, aus denen ist kein Wort mehr hervorzulocken. Da hilft kein: „Na, auch einen anstrengenden Tag gehabt?", oder: „Ob wir wohl heute mal einigermaßen pünktlich ankommen?" Die wahren Profis ignorieren dich noch nicht einmal. Du bist einfach Luft für sie. „Entschuldigen Sie, dass ich lebe ...", schmollend ziehst du dich zurück. Schaust aus dem Fenster und siehst – den atemberaubendsten Sonnenuntergang deines Lebens. Eine Orgie der Farben. Mit offenem Mund starrst du durch das kleine Bullauge, verdrehst dir fast den Hals vor Begeisterung. Am liebsten würdest du deinen Nachbarn am Ärmel zupfen wie ein Kind: „Schauen Sie doch mal!" Aber du lässt es – ha, selber schuld!

Diese Augenblicke, im wahrsten Sinne des Wortes, sind das Sahnehäubchen für mich beim Fliegen. Wenn der silberne Flügel durch einen stahlblauen Himmel pflügt und weiße Wattewolken unter dir dahindümpeln. Dann mag ich nur noch schauen. Und bin fast froh, dass mich mein Nachbar in Ruhe lässt.

Ich liebe den Schein der Mondsichel neben den ersten Sternen des Abendhimmels; die in rosa getauchten Alpenkämme an einem Föhntag, nach einem Start vom FJS-Airport in München; das Glitzern der tausend Kanäle beim Abflug aus Berlin-Tegel. Und deshalb freue ich mich schon auf demnächst, wenn ich wieder zum Flughafen fahren darf ...

Sammelwut

Kennen Sie schon mein Hobby? Zeitungen zerreißen. Nein, nicht Telefonbücher, wie die behaarten Muskelmänner bei „Wetten dass ...", sondern Zeitungen, Zeitschriften, Magazine. Wo immer ich sitze, ob im Büro, im Zug oder in der Flughafen-Wartehalle, zerreiße ich Zeitungen, ritsch-ratsch, eine halbe Seite hier, ein Schnipselchen da. Die Qualität einer Zeitschrift erkenne ich daran, wie viele Seiten ich beim Lesen herausgerissen habe. Mir machen auch die angewiderten Gesichter nichts, die mich beim Zerfleddern beobachten. Eine Freundin hat mir sogar schon mal ein kleines Damen-Taschenmesser mit winziger Schere daran geschenkt, weil sie sich während einer gemeinsamen Zugfahrt fast zu Tode geschämt hat. Aber erstens ist es so klein, dass ich es in meiner großen Tasche nie wiederfinde, und außerdem fehlt mir beim fieseligen „schnippel, schnippel, schnippel" die große Geste. Es macht Spaß, Zeitungen zu zerreißen.

Komme ich von meinen Geschäftsreisen zurück, ziehe ich die Fetzen unter dem süffisanten Grinsen meiner Assistentin Frau Jonza aus allen Taschen. Sie versteht einfach nicht, dass dies ein aktiver Vorgang des Wissensmanagements ist. Der Bericht über erfolgreiche Frankfurter Börsenmaklerinnen, die Meldung über Arbeitszufriedenheit, die Statistik über ... – das sind alles Informationen, die ich noch mal brauchen kann; für einen Vortrag, im nächsten Buch oder in meiner *working@office*-Kolumne.

Mit meiner Sammelwut bin ich in meiner Familie nicht allein: Meine Tochter beispielsweise hat jahrelang Streichholzschachteln gesammelt, von jeder Reise, aus jedem Hotel habe ich ihr bunte Schächtelchen mitgebracht. Irgendwann hatte sie so viele, dass sie den Überblick verlor, und deshalb nicht merkte, dass ihr jüngerer Bruder für seine ersten heimlichen Rauchversuche ihre Streichhölzer stibitzte – und zwar ausgerechnet die seltensten und schönsten. Den Schrei, als sie es schließlich bemerkte, werde ich nie vergessen.

Oder nehmen wir meinen Mann: Er sammelt Holz. In seiner kargen Heimat in Ostafrika ist Holz unendlich wertvoll, weil es zu wenig davon gibt. Deshalb sammelt er alles, was aus Holz ist: das kaputte Schaukelpferd unserer Kinder, zerbrochene Küchenstühle, Regalbretter, einfach alles. Wehe, ich versuche, irgendetwas aus Holz wegzuwerfen – dann trifft mich sein vorwurfsvoll-trauriger Blick: „In Eritrea wären sie froh, wenn sie Holz hätten ..." Und er schleppt sein gerettetes Hölzlein in den Keller oder in die Garage. Ach ja: Unser Auto und die Fahrräder müssen leider ganzjährig draußen stehen. Denn die Abstellflächen brauchen wir ja für das Holz. Ich sehe uns schon irgendwann einen Container für Afrika beladen. Und stelle mir vor, wie die Verwandten schauen werden, wenn sie den Kasten dann entladen: Schrubberstiele und Hocker mit nur zwei Beinen, Weinkistchen mit zierlichen Deckelchen, Küchenpapierrollenhalter und die Reste der guten Brio-Holzeisenbahn. Ich kann mir nicht vorstellen, dass sie wirklich etwas damit anfangen können (außer vielleicht ein prima Feuerchen machen). Aber mein Mann ist der Afrikaner, er wird es besser wissen.

Was damit anfangen? Diese Frage stelle ich mir natürlich auch bei meinen Wissens-Schnipseln. Eine Zeit lang flatterten sie auf meinem Schreibtisch herum, wurden gestapelt und auf die Fensterbank verräumt, wo ich sie Monate später, schon leicht vergilbt, wiederfand: „Ach, hier sind die Zahlen, die hätte ich neulich gebraucht ..."

Dann hat mir Frau Jonza hübsche bunte Hängemappen für meinen Schatz besorgt. Und ich konnte, wenn ich mit meiner reichen Beute ins Büro zurückkam, die Schnipselchen ordentlich ablegen. Leider stellte sich bald heraus, dass ich diese „Särge des Wissensmanagements" schlichtweg in ihrem Schrank vergaß. Dieses System war ordentlicher, aber ebenso schlecht. Wovon ich auf dem Kölner Flughafen noch so begeistert war, verschwand im Orkus. Nutzen gleich null.

Ich bin inzwischen in der dritten Sammeldimension angelangt. Die Schnipselchen werden jetzt eingescannt. Supermethode! Wenn ich nur wüsste, in welcher Datei sie abgespeichert sind ...

Das erinnert mich an einen früheren Kollegen, der sehr viele Fachzeitschriften lesen musste. Die stapelte er immer auf einem kleinen Beistelltisch – für die Stunden der Muße. Dann würde er all die interessanten Sachen lesen und auswerten, würde sein Wissen erweitern und neue Ideen kreieren. Es ist in seinem Job einfach unumgänglich, immer auf dem Laufenden zu bleiben, wie er mir mehrmals versicherte. Natürlich, das ahnten Sie schon, sind die Stunden der

Muße auch bei ihm äußerst selten. Und deshalb fliegen die teuren Werke immer wieder ungelesen in den Abfall; mit schlechtem Gewissen natürlich, obwohl er sorgfältig den Müll trennt. Und dann legt er brav einen neuen Stapel an. Ich bin übrigens inzwischen in der dritten Sammeldimension angelangt (wie viele sind es bis zum Nirwana?). Die Schnipselchen werden jetzt nach jeder Reise von unseren Praktikanten in den PC eingescannt. Supermethode, da geht nichts mehr verloren. Ich weiß jetzt gerade nicht, wie die Datei heißt, aber wenn ich's bräuchte, wär's da! Mit fällt gerade folgender Vergleich ein: Es ist ein bisschen wie Reste von Petersilie einfrieren. Wenn ich welche brauche, erinnere ich mich nicht daran, dass welche im Eisfach ist. Und beim gelegentlichen Aufräumen weiß ich nicht mehr, wie lange sie schon im eisigen Tod liegt und werfe sie dann doch lieber weg.

Die meisten Menschen hängen an Sachen, ich glaube, es gibt uns das Gefühl, mit der Welt verbunden zu sein. Ohne diese kleinen Fesseln könnten wir womöglich abheben, frei sein, wirklich frei. Hilfe!

Ich denke an meine Freundin Claudia in Wiesbaden. Die besitzt hinter einer edlen, weißen Jugendstiltür einen Schuhschrank. Darin sind superordentlich, Millimeter auf Millimeter, mit einer wunderschönen Kalligraphenschrift beschriftete Schuhkartons aufgestellt. „Rote Pumps, halbhoch" steht dort beispielsweise mit breiter, schwarzer Tinte oder „Hellbraune Sandalen" oder „Weiße Satinschuhe".

Fasziniert und fassungslos stand ich bei meinem ersten Besuch vor diesem Wunder an Ordnung. Ich ließ mir Stichproben zeigen. Und es stimmte: In dem Karton „Mittelblaue Pumps, hoch" waren wirklich hohe, mittelblaue Pumps. Grenzenlose Bewunderung! Wenn ich mal wieder an der Weltenordnung zweifle, am Chaos zugrunde zu gehen drohe, erinnere ich mich an Claudis Schuhschrank und ich weiß, alles wird gut!

Fettnapf, wo bist du?

Jetzt ist es mir schon wieder passiert! Warum kann ich meine dumme Gosche nicht halten? Gerade saß ich mit einigen netten Leuten beim Kaffee zusammen, wir kamen auf Dialekte und Regionen zu sprechen. Und ich musste natürlich wieder tönen: „Also, Franken, also die haben ja eine Sprache, ne, also weißte ..." Worauf eine sehr nette Dame pikiert ihr Gesicht verzog und sagte: „Ich bin aus Nürnberg." Autsch.

Warum kann ich nur meine Klappe nicht halten? Warum brauche ich immer die volle Ladung? Und vor allem: Warum verstehen so viele Leute meinen derben Humor nicht?

Wie oft hab ich mir damit schon den Mund verbrannt! Ich erinnere mich an eine Weihnachtsfeier, ich saß mit einigen Kolleginnen fröhlich an einem Tisch, an dem noch ein Stuhl frei war. Unser Verlagsleiter kam zu uns und fragte, ob er sich setzen dürfte. Sabine Asgodom mit ihrer Quadratschnauze tönte lauthals: „Na, wenn's unbedingt sein muss." Beleidigt zog er ab. Kein Wunder, dass ich niemals Chefredakteurin wurde. Nun kann man sagen, diesen Herren zeichnete ein besonderes Maß von Humorlosigkeit aus. Aber ich bin auch eine Meisterin darin, ins Fettnäpfchen zu treten. Fettnäpfchen, ach was, ganze Tröge!!!

Nie vergesse ich eines meiner ersten Seminare, das ich gab. Es ging um Selbst-PR, also die Kunst, auf sich aufmerksam zu machen. Im Überschwang zu erklären, wie wichtig es ist, manchmal mit den Kollegen abends einen trinken zu gehen, um über die Politik im Unternehmen oder in der Abteilung Bescheid zu wissen, bringe ich als Vergleich: „Sie können natürlich auch heimgehen und Makramé machen, Sie wissen schon, diese Knüpfarbeit, mit der man so schaurige Blumenampeln macht, die man dann seinem schlimmsten Feind zum Geburtstag schenken kann ..." Der Tag läuft ganz gut, bis auf eine Teilnehmerin, die total kratzbürstig ist und die mich unheimlich viel Kraft kostet. Als ich sie in der Pause darauf anspreche, ist sie total beleidigt: „Ich bin so eine, die gerne

Makramésachen knüpft. Übrigens, meine Freunde freuen sich, wenn ich ihnen meine Arbeiten schenke ..." Autsch!

Gott sei Dank stehe ich in der Disziplin Fettnäpfchenhüpfen nicht allein da. Neulich saß ich beim Galadinner auf dem Sekretariatskongress von Heidi Mathias mit einigen Teilnehmerinnen am Tisch, von denen die eine lauthals verkündete: „Also, Red Bull, das ist ja wohl das widerlichste Getränk, das ich je probiert habe. Also, wer das trinkt, der kann ja gleich eingeweichte Gummibärchen schlürfen ..." Worauf zwei junge Frauen sich anschauen und losprusten: „Also, wir trinken das gern, vor allem mit einem Schluck Wodka." Autsch.

Es entspann sich eine lebhafte Diskussion über Fettnäpfe. Jede von uns konnte eine Geschichte beisteuern. Die lustigste kam von Annette. Sie erzählte, dass zwei Freunde von ihr vor einiger Zeit zu Besuch in Schweden waren. An einem Sonntag nahm die Familie, bei der sie wohnten, sie mit in die Kirche. Da sie kein Wort Schwedisch sprachen, sagten ihre Gastgeber, sie sollten einfach aufstehen, wenn auch die anderen Gemeindemitglieder aufstünden, und sich setzen, wenn die anderen wieder Platz nähmen. Also gut. Es klappte prima. Bis der Pfarrer eine Frage stellte, und sich ein Mann in der Reihe vor ihnen erhob. Eifrig sprangen die beiden Urlauber ebenfalls mit auf. In der Kirche herrschte plötzlich eisiges Schweigen, alle starrten sie an, sodass sie verwirrt wieder Platz nahmen. Hinterher erfuhren sie: Der Pfarrer hatte für den nächsten Sonntag eine Taufe angekündigt und gefragt: Wer ist denn der Vater des Kindes? Autsch. Was lernt man darauf: Gehe nie in eine schwedische Kirche, wenn du kein Schwedisch kannst.

> „Warum kann ich nur meine Klappe nicht halten? Warum brauche ich immer die volle Ladung? Und vor allem: Warum verstehen so viele Leute meinen derben Humor nicht?"

Doch auch im Büroalltag kann man leicht ausrutschen: Andrea erzählte von Reparaturarbeiten in ihrem Büro, und dass die Elektriker ewig nicht fertig wurden. Sie ging zu einer Kollegin, um ihren Frust los zu werden: „Also, die sind doch völlig unfähig, so was Blödes habe ich schon lange nicht gesehen." Da taucht unter einem Schreibtisch der Kopf des Meisters auf, der dort unten gerade eine Leitung prüfte: „Keine Angst, junge Frau, das schaffen wir schon." Autsch. Was lernen wir daraus: Rede nie böse über Menschen, die unter einem Schreibtisch hocken könnten.

Die Karriere kann ernsthaft leiden, wenn das passiert, was Mareike erzählte: Eine Freundin von ihr hatte sich in einer Mail an einen Kollegen ziemlich geharnischt über das Verhalten ihres Vorgesetzten ausgelassen, hatte ihn regelrecht zerlegt. Sie war wohl in Gedanken so intensiv bei diesem Menschen, dass sie als Mailadresse im Intranet nicht das Kürzel ihres Kollegen, sondern das des Chefs eintrug und die Mail so an ihn abschickte. Autsch. Der Kritisierte reagierte zwar souverän, er mailte zurück „Danke für das offene Feedback", aber Mareike ließ sich trotzdem so schnell wie möglich in eine andere Abteilung versetzen.

Ich habe in meinem Leben die Erfahrung gemacht: Manchmal sind wir nur ungeschickt, überforsch, wenn wir ins Fettnäpfchen treten. Und es macht wirklich Sinn, sich kurz zu überlegen, ob man mit einer deftigen Bemerkung nicht jemanden vors Schienbein tritt. Aber manchmal muss einfach etwas raus, zwingt uns unsere schnelle Zunge, Konsequenzen zu ziehen. Weil sie das ausspricht, was wir ehrlich denken. Und so schaffen wir Situationen, die uns oder andere zum Handeln zwingen. Also statt uns wegen unserer dummen Bemerkung in den Hintern zu beißen, sollten wir im Nachhinein lieber dankbar für das In-den-Hintern-Treten sein. Wer weiß, was sonst aus mir geworden wäre!

Die Lust auf(s) Raten

Hätten Sie je gedacht, dass Sie Ihrem alten Deutschlehrer noch einmal dankbar sein würden, mit welcher stupiden Inbrunst er Sie Gedichte auswendig lernen ließ? „Festgemauert in der Erde, steht die Form, aus Lehm gebrannt ..." Der Kandidat, der neulich bei „Werden Sie Millionär" keinen Peil hatte, dass dies (natürlich hätten wir's gewusst) der Anfang von Schillers „Glocke" ist, der wäre dankbar gewesen, das können Sie wetten. So verlor er mal eben ein kleines Vermögen.

Ich liebe diese neuen Rateshows im Fernsehen. Ich liebe das geheimnisvolle Lichtspiel – Spot an. Ich liebe die dramatische Musik – Gänsehaut an. Ich liebe die Pokerface-Minen der Moderator/innen – Lächeln an. Ich liebe die unterschiedlichen Kandidaten – mein Gott, sind die manchmal blöd!

Und ich liebe die Tatsache, dass ich da nicht sitzen und mich zum Affen machen muss, nur weil ich nicht weiß, welches Buch nicht von Rosamunde Pilcher ist: Antwort D? Oder doch nicht? Ich frage das Publikum, oh, Shit, der Joker ist schon weg. Ich rufe meine Cousine an: „Äähhhhhh, das könnte A sein, aber auch C, nee, D bestimmt nicht. Vielleicht B. Du, das tut mir jetzt leid, also ganz sicher bin ich nicht." Ächz. Ich greife zur Fifty-fifty-Lösung, A und C verschwinden. Mist, hilft mir auch nicht weiter. Ich hasse Rosamunde Pilcher!!!

Sie sehen, diese neuen Fernsehsendungen wecken Emotionen in uns, gute wie schlechte. Gebannt sitzt das Fernsehvolk vorm Kasten – hautnah. Wir zittern mit dem sympathischen Koreaner, unser Mund wird trocken wie ihm, wir greifen zum Glas, wenn er das Wasserglas zum wiederholten Male ansetzt, schlucken, wenn er schluckt, verdrehen die Augen, wenn er sie verdreht. Sind gottfroh, wenn er vor der Kunstfrage aufgibt. Ja, das hätten wir auch. 36 000 DM sind doch auch ganz schön. Manchmal sind wir auch ein bisschen schadenfroh. Bei dem Professor etwa, der – ällerbätsch – dann letztendlich doch auch nicht besser ist als wir – Gaddafi. Gaddafi? Du Dödel, du. Falsch, falsch,

falsch, 500 000 DM im Orkus! Nein das gibt's doch nicht. Wahnsinn! Ein einziges Stöhnen entringt sich Millionen Kehlen.

„Werden Sie Millionär", oder wie all die Nachmacher-Sendungen heißen, das ist ja eigentlich nur Trivial-Pursuit für Sesselpupser und „Ich werde nie ein Genie"-Feiglinge. Ich erinnere mich an wilde Spielabende, als man selbst noch die Würfel in der Hand hatte: Braun, Reise und Verkehr – „Wie lang war die erste Eisenbahnstrecke, 23 km, 13 km, 3 km?" Richtig! Her mit dem winzigen, braunen Tortenstück. Weiter geht's.

Und erinnere mich auch an euch, ja, ich habe es nicht vergessen, die ihr euch geweigert habt, noch jemals wieder mit mir zu spielen. Und das nur, weil ich sieben Mal hintereinander gewonnen hatte. Was kann ich dafür, dass ich eben einfach wusste, dass das erste Lebewesen, das von den Trümmern eines Satelliten auf der Erde erschlagen wurde, eine Kuh auf Cuba war (ehrlich!). Na okay, ich kann es ja jetzt verraten, ich hatte die Karte zufällig kurz vorher gelesen.

Aber das ist es doch auch, worauf es in dieser Welt, in unserer Informationsgesellschaft, ankommt: Auf ein gesundes Halbwissen! Deshalb gibt es auf Partys nur noch ein Thema. Doch nur deshalb muss man sich im Restaurant vom Nebentisch stundenlang anhören, wie Menschen wortwörtlich jede Frage, jedes Stirnrunzeln, jede dämliche Antwort der letzten Sendung nacherzählen, von der Hundertmarkfrage bis zur Millionenschicksalsantwort. Wie sie sich darüber totlachen, wundern, freuen, ärgern und sich immer wieder selbst fragen: Hätte ich's gewusst?

> **„Werden Sie Millionär" oder wie all die Nachmacher-Sendungen heißen, das ist ja eigentlich nur Trivial-Pursuit für Sesselpupser.**

Die Deutschen mutieren zu Ratefüchsen. Ganz freiwillig teilen sie ihr Wissen (und ihr Nichtwissen) mit anderen. Das zu beobachten muss ein Alptraum sein für all die gescheiten Managementtrainer und Wissenschaftler, die seit Jahren verzweifelt und ziemlich mühsam Unternehmen das Prinzip des „Wissensmanagements" eintrichtern wollen. Und keiner kapiert's!

Nehmt euch doch ein Vorbild an Ulla und Günther, Jörg und wie sie alle heißen. Wollt ihr das Wissen der Mitarbeiter abfragen, macht einen Quiz mit ihnen. Fragebeispiel: Welches Produkt stellen wir her: Antwort A Meister Eder; Antwort B Meister Popel; Antwort C Meister Mind; oder Antwort D Meister Propper? Oder: Wie heißt unsere Kontaktperson bei der Firma X, die uns immer die Akten kopiert? Wie viel Schmiergeld bekommt normalerweise Waffenhändler Y, und müssen wir es versteuern? Wie heißt der kleine schmutzige Spitzname des Leiters Einkauf bei Z? Steigern Sie mit, was ist Ihr Einsatz? Die Vorbilder aus dem Fernsehen machen sich aber auch gut für den Ernstfall, beispielsweise vor Beförderungen: „Sie wollen den Traumjob? Fordern Sie als Terminator einen Kollegen heraus." Wer die richtige Antwort weiß, bekommt den Job, der andere muss abtreten, wenn er Glück hat, mit 10 000 DM Abfindung.

Dabei lassen sich die Fragen je nach Führungsebene variieren. Geht es um den Marketingdirektor eines großen Autoherstellers: „Welche deutsche Sängerin hatte in den achtziger Jahren großen Erfolg mit einem Lied, in dem eine zweistellige Zahl vorkommt? Antwort A: Caterina Valente, Antwort B: Zarah Leander, Antwort C: Nena, Antwort D: Trude Herr?" Geht es um die Stelle eines Filialleiters bei der Stadtsparkasse Stadthagen: „Welche Zahl kommt in einem beliebten deutschen Schlager mit vielen Luftballons vor: Antwort A: 33, Antwort B: 55, Antwort C: 77 oder Antwort D: 99?"

Unsere Kinder, diese ausgebufften TV-Kids, machen es uns übrigens vor, wie man das Wissensmodell hervorragend in den Alltag integrieren kann. Hörte ich neulich den zwölfjährigen Knaben einer Freundin auf ihre Frage, ob er seine Hausaufgaben schon gemacht hätte, ganz cool antworten: „Antwort C: Erledigung ist in Vorbereitung." Da muss uns nicht bang sein um den Managernachwuchs!

Die Spur der Steine und andere Urlaubserinnerungen

Aus meinem Urlaub habe ich einen Koffer voller Steine mitgebracht. Bitte lachen Sie nicht. Nein, keine Brillis, einfach schöne Steine. Ich war vor kurzem in Afrika, genauer in dem kleinen Land Eritrea am Roten Meer, der Heimat meines Mannes. Dieses Land gehört zu den ärmsten Ländern der Welt, genießt nach einem langen Krieg jetzt seine Freiheit, und die Menschen zeichnen sich durch ein hohes Maß an Lebensfreude aus. Ich liebe Eritrea.

Ich liebe die Menschen, und ich liebe die Steine. Ja, Eritrea ist nämlich andererseits „steinreich": Noch nie habe ich so unterschiedliche, schöne, beeindruckende, mjestätische oder glitzernde Steine (von Walnuss- bis Hochhausgröße) gesehen, wie dort: Monolithen, die wie Riesen-Murmeln in der Landschaft herumliegen. Kiesel in ausgetrockneten Flussläufen, die in perlmutt, rosa, lila, zartgrün oder hellblau glitzern.

Und da ich schöne Steine liebe, habe ich die schönsten davon eingepackt (von den Kieseln, nicht den Monolithen, leider), für mich und als Mitbringsel für meine besten Freunde. Als ich meine „Schätze" in München auspackte, hatte ich – einen Koffer voller grauer Steine! Kein Lila, kein Zartgrün – einfach Grau. Welche Enttäuschung! Erst da begriff ich, es war das Licht, dieses zauberhafte eritreische Licht, das die Steine zum Funkeln brachte: Und leider, leider lassen sich dieses Sonnenflirren, die klare Luft und all die Spiegelungen nicht nach Hause transportieren.

Ich erinnere mich, dass es mir schon öfter misslungen ist, Urlaubserinnerungen in stofflicher Form nach Hause zu übersetzen. Da war mal dieser total verregnete Urlaub an der Nordsee mit den Kindern. Drei Wochen Insel Pellworm, fast drei Wochen Regen hinterm Deich. Wir wohnten in einer Ferienwohnung auf einem gemütlichen Bauernhof. Die Kinder spielten im Stall oder auf der Tenne. Und die Erwachsenen machten es sich zum Brauch, am späten Nachmittag zu einer Tasse „Pharisäer" zusammenzukommen. Kennen Sie dieses heiße Kaffeegetränk mit Rum und viel Schlagsahne?

Es schmeckte uns köstlich, stundenlang saßen wir zusammen, spielten Karten (Schwimmen), erzählten Geschichten, lachten und schlürften Pharisäer.

Zurück in München lud ich sofort mit großer Vorfreude meine Freunde zu einer Nachmittagsparty ein: Pharisäer trinken. Draußen hatte es 29 Grad, meine Gäste nippten skeptisch an dem schwarz-weißen Gebräu und schüttelten sich. Und ganz seltsam – mir schmeckte der Pharisäer plötzlich auch nicht mehr, iih, widerlich. Es fehlte einfach die Luft, der Wind, der würzige Duft von Meer und Gras, die wohlige Erschöpfung nach einem langen Spaziergang im Friesennerz. Ganz unauffällig räumte ich die Tassen weg und holte ein paar Flaschen Wein aus dem Keller. Die Party wurde dann noch sehr nett. Aber: Ich habe seither nie wieder Pharisäer getrunken.

Anderen scheint das ähnlich zu gehen. Meine Freundin Marianne erzählte mir von ihren Slibowitz-Erfahrungen. Im Urlaub in Jugoslawien war es ein Ritual für sie gewesen, abends in der Dämmerung auf der Terrasse ihres Hotelzimmers zu sitzen und ein, zwei (drei) Stamperl von dem klaren Pflaumenschnaps zu trinken. Deshalb brachte sie auch gleich eine Fünfliterflasche mit nach Deutschland – direkt vom Bauern, beste Qualität. Ein Stückchen Urlaubsgefühl, das die Freude, die Ruhe und diese unnachahmliche Abendstimmung wenigstens eine Zeit lang erhalten sollte. Der Schnaps, um es kurz zu machen, endete in der Scheibenwaschanlage ihres Autos – als wirksamer Frostschutz, er war, wie sie erzählt, plötzlich „ungenießbar".

Ist ein Lebensgefühl nicht übertragbar? Verlieren wir die Freiheit, die wir im Urlaub fühlen, zu tun und zu lassen, was wir wollen, mutig und verrückt zu sein, schon beim Grenzübertritt, an der Passkontrolle?

Sie kennen ein ähnliches Phänomen vielleicht mit Rezina oder Ouzo aus Griechenland, der leckeren Hirtensalami aus Ungarn oder dem Versuch, sich auch zu Hause von diesem wahnsinnig leckeren Smoerrebroeds zu ernähren, für die wir im Urlaub geschwärmt haben.

Aber nicht nur Essen und Trinken, beziehungsweise die Erinnerung daran, verlieren ihren Reiz, wenn sie in eine fremde Umgebung verpflanzt werden, sondern auch Klamotten, für die wir im Urlaub gestorben wären. Ich habe mir einmal in New York gleich drei Hüte gekauft! Wagenräder große Filzkunstwerke in Blau, Rot und Grün. Stolz wie Marlene bin ich damit eine Woche lang durch Downtown Manhattan gelaufen, fand mich einfach umwerfend. Und da die

Stadt offensichtlich von „Verrückten" wimmelt, hat mich niemand deswegen schief angesehen.

Als ich den roten Hut das erste Mal in München in der U-Bahn aufhatte, sahen mich die Mitfahrer an, als wäre ich ein grünes Marsmännchen. Und ich fühlte mich wie ein grünes Marsmännchen. Das Lebensgefühl „Everything goes", das dieser Hut ausdrückte, passte einfach nicht ins biederer Bayern. Speziell die Münchner U-Bahn ist offensichtlich kein Platz für Hüte. Nach wenigen Wochen schon wanderten die Kreationen in die Faschings- und Verkleidungskiste meiner Kinder. Schade.

Ist ein Lebensgefühl nicht übertragbar? Verlieren wir die Freiheit, die wir im Urlaub fühlen, zu tun und zu lassen, was wir wollen, mutig und verrückt zu sein, schon beim Grenzübertritt, an der Passkontrolle? Muss die lebenslustige, sinnliche Frau, die sich auf einer Südseeinsel verführerisch in ihren Pareo hüllt, wieder ganz hinten in den Schrank, wenn die zuverlässige Mitarbeiterin ihren Job wieder aufnimmt? Ist doch eigentlich verdammt schade.

Ach, übrigens: Ich habe doch etwas aus Eritrea mitgebracht, was seinen Reiz (bisher jedenfalls) nicht verloren hat – eine andere Gangart. Als ich zu Beginn meiner Reise die ersten Spaziergänge durch die schöne Hauptstadt Asmara machte, kam ich nach wenigen Minuten ins Schwitzen und Keuchen: Asmara liegt 2 400 Meter hoch und ist auf sieben Hügeln gebaut, wie Rom (ist schließlich auch von den Italienern errichtet).

Die rasche deutsche Gangart, die ich anfangs noch drauf hatte, raubte mir da schnell den Atem, an jedem kleinen Aufstieg rang ich nach Luft. Also lernte ich zu gehen wie eine Eritreerin: Diese schönen Frauen setzen einen Fuß langsam vor den anderen, schwingen ihre Hüften, lassen sich von nichts aus der Ruhe bringen. So schlendern sie nicht nur durch die Stadt, sondern laufen viele Kilometer weit, vom entlegensten Dorf beispielsweise zum zehn oder 20 Kilometer entfernten Markt, vorzugsweise auch noch mit einem Korb auf dem Kopf, der nie aus dem Gleichgewicht gerät. Ich habe Schlendern gelernt in Eritrea, eine wonnevolle Erfahrung. Und ich hoffe, dass ich dieses Mitbringsel nicht so schnell verliere im regnerischen, rastlosen, rasenden Deutschland.

Vergesst die Liebe nicht!

„Um wirklich glücklich zu sein, brauchst du einen Menschen, den du liebst, eine Aufgabe und eine große Hoffnung." Diesen Spruch der Schriftstellerin Ricarda Huch hat mir eine Freundin neulich geschickt. Eine alte Weisheit, die man heute neudeutsch „Work-Life-Balance" nennt. Also eigentlich eine Selbstverständlichkeit, die wir jedoch im alltäglichen Arbeitsmarathon manchmal vergessen.

Kennen Sie das auch, dass wir eher unsere Lieben zu Hause enttäuschen als unseren Chef? „Liebling, es wird leider heute wieder etwas später!", sagt sich seltsamerweise leichter als: „Chef, ich muss heute pünktlich gehen". Denn wer uns liebt, ist (hoffentlich) eher bereit, uns zu verzeihen, meinen wir. Und wie sieht das denn aus, wenn wir unsere Arbeit einstellen, nur weil zu Hause der Gatte wartet oder die hungrigen Kinder? Was sagt denn das über unsere Einsatzbereitschaft und Belastbarkeit, wenn wir nach zehn Stunden Arbeit schon an etwas anderes denken?

Arbeit ist wichtig, keine Frage. Existenzsicherung. Selbstverwirklichung. Bereicherung. Aber Arbeit ist nicht alles. Amerikanische Wissenschaftler berichten von einer großen Traurigkeit unter Managern über 50. Beruflich erfolgreich, keine Frage, aber privat vereinsamt. Als die Kinder klein waren, hatten die Väter wegen Karriere keine Zeit für sie. Als die Väter sich an ihre Kinder erinnerten, hatten die keine Lust mehr auf Daddy. Die Zahl der geschiedenen Managerehen steigt dramatisch.

Die Zickzack-Karrieren von Frauen werden oft belächelt. Gerade wieder war eine hämische Geschichte im „Spiegel" über erfolgreiche Frauen zu lesen, die doch tatsächlich wegen der Kinder einige Jahre zu Hause bleiben wollen. „Das Ende der Emanzipation?" fragten die Autorinnen (!) entgeistert. Na klar, was kann schöner sein als nach einem 14-Stunden-Tag in die aufgeräumte, weil menschenleere, Designer-Wohnung zurückzukehren – das ist Freiheit!? Vielleicht kennen Sie den Witz, in dem ein Manager gefragt wird, ob er Familie hat? Er denkt lange angestrengt nach, „Familie?" und sagt dann: „Ach, das würde die fremden Menschen in meinem Haus erklären."

Was heißt eigentlich Leben? Woran werden wir uns am Ende erinnern? Dass wir die Mitarbeiterin des Monats waren? Dass wir stets als pünktlich, ordentlich, zuverlässig galten? Dass wir uns auch nie beschwert haben? Wer wird uns dann beistehen? Dass wir uns nicht falsch verstehen: Ich arbeite sehr gern, genieße Herausforderungen und Anerkennung, kann tüchtig reinklotzen, wenn es nötig ist. Aber ich werde auch niemals meine Prioritäten vergessen: Und das sind die Menschen, die ich liebe, allen voran mein Mann und meine beiden Kinder. Ich gebe zu, dass ich oft gefährdet war, mich vom Erfolg verführen zu lassen, noch ein Auftrag, noch eine Reise, ein Vortrag hier, ein Seminar da. Wow, Sabine Asgodom rettet die Welt. Ja, ich will diesen Erfolg, ich kann mir ein Leben ohne die Arbeit, die mir Spaß macht, nicht vorstellen. Aber ich habe gelernt, dass dies nicht ständig auf Kosten meiner Familie gehen darf. Denn es gibt keine schlimmere Vorstellung für mich, als diese zu verlieren.

Ich habe stets gepredigt, dass Frauen sich im Job einiges von Männern abgucken sollen, denn vieles beherrschen diese schon besser (sie haben einfach ein paar tausend Jahre Vorsprung). Aber ich habe mich von dem Gedanken verabschiedet, dass Frauen die gleichen Lebensläufe wie Männer anstreben sollten. Das Leben wird dadurch nämlich einfach ärmer, habe ich festgestellt.

Immer mehr junge Frauen stehen mehr denn je zu einer Entscheidung Beruf und Familie. Sie lassen sich auch von dem bösen Wort „Doppelbelastung" nicht abschrecken.

Ich komme mehr und mehr dazu, die Lebensentwürfe von Frauen als gleichwertig, wenn nicht sogar als zukunftstauglicher zu betrachten. Was würde aus unserer Gesellschaft, wenn wir alle wie Männer denken und handeln würden – wer kümmert sich um Kinder, wer um alte Eltern? Wer um Freundschaften? Ich finde es nicht mehr, wie vielleicht noch vor 20 Jahren, als wünschenswert, wenn Frauen das „Joch" der Familie abschütteln würden.

Und die Entwicklung gibt mir Recht, immer mehr junge Frauen stehen mehr denn je zu einer Entscheidung Beruf und Familie. Sie lassen sich auch von dem bösen Wort „Doppelbelastung" nicht abschrecken. Dieses Wort, finde ich, sollten wir schleunigst umbenennen, nämlich in „Doppelfreude". Also, ich hätte auf keinen Teil dieser Balance verzichten mögen und habe aus beiden Bereichen unendlich viel Freude und Zufriedenheit gewonnen. Natürlich war da auch Hektik am Morgen und Stress am Abend, aber das war eben der Preis für „Ich will alles". Die Alternative wäre doch gewesen, auf einen Teil des Himmels zu verzichten – und dieser Preis wäre wesentlich höher gewesen.

„Wir brauchen mehr Frauen im Management, coole Fuzzis haben wir schon genug", sagte mir mal ein Vorstandsvorsitzender in einem Interview. Ein weiterer Aspekt für die Balance von Leben und Arbeit: Beziehungsmanagement wird im Beruf immer wichtiger, mit den Kollegen, aber auch mit den Kunden. Doch wie sollen beziehungsentwöhnte Menschen erspüren, was die Kunden brauchen? Wie sollen sie auf Wünsche und Beschwerden eingehen? Wie Teams führen? Was wissen Arbeitstiere vom Leben, davon, was Menschen brauchen?

Immer mehr Unternehmen spüren, dass die einseitige Belastung ihrer Manager negative Folgen hat, die Zahlen der von Burn-out-Syndrom und Krankheit niedergestreckten Führungskräfte wächst. Und es werden erste leichte Bewegungen in Richtung „Work-Life-Balance" sichtbar. Vielleicht spricht sich doch langsam herum, dass man Geld nicht essen kann und dass ausgebrannte Talente dem Unternehmen schaden.

Plötzlich wird das HRM, das „Human Ressource Management", fast so wichtig wie der berühmte „Shareholder Value". Plötzlich tauchen in der „Balanced Scorecard" neben Zahlen über Finanzen und Märkte Menschen auf: Neben den Kunden auch die Mitarbeiter. Wie geht es denen? Sind sie zufrieden? Oder macht die Arbeit sie krank? Wie steht es um ihre Energiebilanz?

Wir erleben zu Beginn unseres neuen Jahrtausends eine Revolution: Die Wiederentdeckung des Menschen hinter der Jobbeschreibung. Die Wiederentdeckung des Lebens neben der Arbeit. Ich spüre das immer mehr. Vor kurzem hielt ich einen Vortrag vor Top-Managern eines IT-Unternehmens. Er schloss mit den Worten: „Vergesst eure Lieben nicht. Vergesst die Liebe nicht!" Mit großen Kinderaugen saßen sie da, und der abschließende Applaus war eine Welle der Sympathie. Vielleicht muss ihnen einfach jemand die Erlaubnis geben, wieder mehr zu leben. Und wer könnte das besser als eine Frau?

Klagelied einer einsamen Chefin

Der Urlaub von Frau Jonza wird ab sofort gestrichen – für immer und ganz! Monika Jonza ist meine Office Managerin (Sie kennen sie vielleicht schon aus früheren Kolumnen). Und sie hat mich vier Wochen lang im Stich gelassen! Vier Wochen! Ganz allein saß ich in meinem Büro, verlassen wie ein armes Waisenkind.

Nicht nur, dass keiner fröhlich: „Guten Morgen, schönste aller Chefinnen" schmetterte, wenn ich zur Tür hereinkam, nicht nur dass ich meine Leberkässemmeln nicht nur alleine holen (mache ich sonst auch öfter), sondern sogar allein essen musste, nein, es war insgesamt einfach die Hölle! Wie oft habe ich die Moni beneidet, wenn ich mal wieder ins feindliche Leben hinaus musste, und sie die Ordnung ihres Schreibtisches und ihres Büros genießen konnte. Stets war das richtige Schreiben am richtigen Ort, das richtige Angebot pünktlich beim Kunden, alle Telefonanrufer zufrieden, genug Kaffee im Schrank und Papier im Kopierer. Was für ein netter Job. So stressfrei, entspannend. Idylle! Und ich allein? Chaos!!!

Auf meinem Schreibtisch sieht es aus, als hätte die oft zitierte Bombe eingeschlagen (von unserer Küche will ich gar nicht reden). Die Listen mit den Rückrufwünschen wird immer länger, ich komme mit dem Postaufschlitzen kaum noch nach. Heute früh hatte ich 92 Mails, zwei-und-neunzig, neunzig und noch mal zwei. Sind die Leute verrückt? Haben die keine Arbeit? Wer soll das lesen? Wer das beantworten?

Ich saß mit offenem Mund vor dem Computer und dachte nach: Wie macht sie das? Bei ihr sieht es doch immer so easy aus. Wenn ich zwischen neun und zehn ins Büro komme, hat sie sogar Zeit, mit mir zu plaudern. In ordentlichen kleinen Häufchen liegen schon die paar Dinge bereit, die sie mir von ihrer Arbeit übrig lässt (um mir das Gefühl zu geben, wichtig zu sein, argwöhne ich manchmal). Und ich habe dann alle Zeit der Welt, ihr Kästchen über den Tag hinweg zu füllen. Auf ein Neues.

Brauche ich eine Telefonnummer, rufe ich nur hinüber: Monika, haste mal die Nummer von XY? Natürlich weiß ich, dass wir eine Adress-Datenbank haben, wo die Nummer drin steht. Aber Frau Jonza erlaubt mir, dass ich sie einfach frage, statt mühsam zu suchen (sie ist sowieso viel schneller!). Genauso wie sie mir erlaubt, dass ich ihr manchmal Seiten zum Faxen hinlege. Niemals sagt sie: „Könnteste das nich' selber machen?" Oder: „Ich hab grad keine Zeit."

Erst jetzt fällt es mir richtig auf: Sie hat immer Zeit! Sich mit mir zu freuen oder zu ärgern, was zu überlegen oder zu formulieren. Ohne auch nur eine Augenbraue zu heben, verändert sie beim Diktieren auch zum dritten Mal ihre Steno-Hieroglyphen, wenn ich mal wieder jeden Satz neu drechsle. Und nur manchmal ruft sie lachend: „Du machst mich wahnsinnig", wenn ich mal wieder mit einem Kopf voller verrückter Ideen von einer Reise zurückkomme. Außerdem kann sie Gedanken lesen! Wirklich, ganz bestimmt. Steht plötzlich mit der Umsatzentwicklungsstatistik vor mir, wo ich doch gerade daran denke, meinen Steuerberater anzurufen. Oder trägt köstlich duftenden Tee in mein Zimmer, wenn ich über einem besonders schwierigen Kapitel eines Buches brüte und das Hirn so leer wie meine Blümchentasse ist.

Wie konnte ich sie nur gehen lassen? Auch nur einen Tag?! Was für ein schwerer Fehler! Ich muss verrückt gewesen sein. Eigentlich hatte ich ja gedacht, dass ich ihren Job mal ganz nebenbei mitmachen kann. Ich wollte die vier Wochen, in denen unser Büro offiziell geschlossen war, dafür nutzen, für mein neues Buch zu recherchieren. Und dann ab und zu nach der Post gucken, mal Anrufe abhören, mal die eine oder andere Mail lesen. Pustekuchen!

Es muss wohl mit diesem Wort „Urvertrauen" zu tun haben, mit diesem wonnevollen Gefühl, sich auf jemanden ganz und gar verlassen zu können.

Und dann all diese schrecklichen „Vorgänge" – Wie war das noch mal mit dem Internetbanking? Was kam zuerst? Ich habe mich gefreut wie eine Schneekönigin, als ich meine erste Überweisung abgeschickt habe (so ein, zwei Stunden später). Und wo, verdammt, ist im Computer die Hotelliste für unsere Seminarteilnehmer, Mensch, das hat sie mir doch schon drei Mal gezeigt?! Gott sei Dank kennt sie mich schon lange genug (jetzt im Oktober ist sie zwei Jahre bei mir, „Happy Workday, Frau Jonza!"), sodass sie mir die Termine der vier Wochen wie eine Mutter vorbereitet hat: Fahrkarte bzw. Ticket, alle Abfahrt- und

Ankunftszeiten notiert, worauf ich achten muss, es fehlte eigentlich nur noch das Brotzeittäschchen für unterwegs.

Warum werden Chefs und Chefinnen eigentlich so gerne wieder zu Kindern, die sich von der Mama alles richten lassen? Warum genießen wir es, solcherart infantil „gepampert" zu werden? Es muss wohl mit diesem Wort „Urvertrauen" zu tun haben, mit diesem wonnevollen Gefühl, sich auf jemanden ganz und gar verlassen zu können. Versuchen Sie das mal mit Ihrem Partner! Sie werden Ihr grünes Seidenkleid nie mehr wiedersehen, wenn Sie nicht doch irgendwann – murrend zwar – selbst zur Reinigung fahren! Oder denken Sie an seine Antworten, wenn Sie von ihm endlich mal die Taxiquittungen vom vorletzten Jahr für die Steuererklärung brauchen – „Klar, mache ich gleich am Wochenende, oder am nächsten, bestimmt ..." Ein Mann, ein Wort? Ach, Quatsch, eine Frau, eine Lebensversicherung!

Also, ab heute bin ich fürs Klonen. Ich gebe zu, bisher war ich ja sehr skeptisch, schon bei Dolly, dem Schaf. Also, irgendwie ist das doch gegen die Natur. Aber, im Ernst, doch, nach diesen vier Wochen würde ich jedes hilfreiche Ästchen der Hoffnung ergreifen. Nie mehr allein, welche Aussicht! Hört, Wissenschaftler aller Länder, meine flehentliche Bitte: Klont Monika!

P.S. Diese Kolumne traue ich mich nur zu schreiben, weil sie noch im Urlaub ist. Wenn sie dieses Heft dann im Oktober lesen wird, wird sie wieder sagen: „Chefin, du spinnst." Und ihr herrliches, breites, bayerisches, dröhnendes, umwerfendes Lachen anstimmen. Ach wie ich das vermisse!!!

Auf Tempojagd mit dem Bügel-Boliden

Ich bin schneller als Mika Häkkinen! Nein, nicht beim Autofahren, Gott bewahre. Beim Boxenstopp! Neulich habe ich es wieder einmal bewiesen. Sonntagnachmittag: Häkkinen, die beiden Schumis und Co. rasen im Kreis herum, und ich rase am Bügelbrett. Formel-1-Übertragungen im Fernsehen sind für mich die beste Herausforderung, meine Bügelwäsche zu erledigen. Warum die Doppelbelastung nicht von ihrer sportlichen Seite nehmen? Da laufe ich zur Hochform auf, da rinnt der Schweiß von der Stirn, da wird Rundenrekord auf Rundenrekord aufgestellt.

Beispiel Pole Position – die erreiche ich immer! Ganz vorn stehe ich an meinem stahlglänzenden Bügel-Boliden, die Hand am Griff meines turbogetriebenen Dampfstrahlers, bereit, Gas zu geben. Die Ampel springt auf Grün, ich greife das erste Hemd aus dem linken Korb, fahre die linke Vorderseite empor und durch die Schikane der Brusttasche weiter, mache einen Slalom um die Perlmuttknöpfe, autsch, es rumpelt über den Seitenstreifen. Jetzt rüberwechseln auf die Rückseite, freie Bahn, ich liebe diese Geraden, nur unterbrochen durch zwei kleine Schikanen an den Rückenfalten, geschafft. Jetzt in einem riskanten Überholmanöver auf die andere Vorderseite, das Ziel in erreichbarer Nähe. Und dann – passiert es: Ich bin etwas unkonzentriert, achte nicht auf den Untergrund, mache einen Dreher, verdammt, sehe eine fette Falte hinter mir, es kostet mich wertvolle Sekunden, diesen Fahrfehler auszubügeln. Aber geschafft! Noch schnell in die Kragenkurve, zwei Bahnen über die Ärmel, die Manschetten bedeuten noch eine kleine Herausforderung, die einen erfahrenen Formel-1-Bügler aber nicht aus der Ruhe bringt. Ja, die erste Runde ist geschafft! Schnell einen Griff in den rechten Korb, einen schnittigen Überrollbügel herausgegriffen, das Hemd aufgehängt.

Dann ohne Verweilen in die zweite Runde. Den ersten Boxenstopp mache ich persönlich nie vor der fünften Runde, so lange reicht der Treibstoff auf jeden Fall. Runde für Runde spule ich ab. Ich habe gelernt, wie wichtig es ist, sich nicht ablenken zu lassen. War es Spa oder Hockenheim, als damals Ralf seinen

Bruder so bedrängte, dass ich mir einen kleinen Fahrfehler erlaubte, und mal flugs über die Hand bügelte, die in der Hosentasche steckte, die ich bezwingen wollte? Eine böse Verletzung war die Folge damals, die mich wochenlang aus dem Rennen warf. Nur ein gnadenloses Rehabilitationsprogramm hatte mich damals wieder meine gewohnte Form finden lassen.

Boxenstopp! Boxenstopp! Nur noch wenige Tropfen sind im Tank, als ich endlich Nachschub bekomme. Ich zähle die Sekunden: 4,2! Jawohl, neuer Rekord: 4,2 Sekunden brauche ich, um den Wassertank wieder randvoll zu füllen. Schnapp, Deckelchen zu, vorsichtig aus der Boxengasse, jetzt keine Zeitstrafe riskieren. Bis ich wieder Gas gebe, hat mein Silberpfeil wieder aufgeheizt und ich rase an Mika Häkkinen vorbei. Er hat 6,8 Sekunden gebraucht, mehr als 2 Sekunden gegen mich verloren!

Ich recke kurz die Faust. Mein Boxenluder, das sich in rot-gelb-karierten Boxershorts auf dem Sofa räkelt, applaudiert mir, feuert mich an. Wir sind ein gutes Team, ein eingeschworenes – er wäscht, ich bügle. Seit mehr als 28 Jahren ist dies das Erfolgsgeheimnis unseres Rennstalls. Ohne seine Vorarbeit könnte ich nicht so zur Hochform auflaufen: „Ich liebe ihn. Er ist ein wunderbarer Teamkamerad. Ohne ihn wäre ich nichts!", hauche ich in ein imaginäres Mikrofon. Und die Augen werden mir feucht. Aber jetzt keine Schwäche zeigen, es sind noch einige Runden zu bewältigen. 14 Hemden und Blusen hängen schon an der Stange, noch fünf Teile warten im Korb. Schumi bekommt auch eine Tafel gezeigt mit einer 9: Noch neun Runden, dann hat auch er es wieder einmal geschafft.

> **Mein Boxenluder, das sich in rot-gelb-karierten Boxershorts auf dem Sofa räkelt, applaudiert mir, feuert mich an. Wir sind ein gutes Team, ein eingeschworenes – er wäscht, ich bügle. Seit mehr als 28 Jahren ist dies das Erfolgsgeheimnis unseres Rennstalls.**

Aber jetzt: Eine Jeans, mein Gott, eine Jeans, wie soll ich das schaffen? Die muss mir einer aus einem gegnerischen Team untergeschoben haben, nachdem sie wochenlang im Schrank vor sich hingekrümpelt hat. Mir bricht Angstschweiß aus. Mit diesem schwierigen Untergrund hatte ich nicht gerechnet!

Turbo an, jetzt zeige ich euch, was in meinem Gefährt steckt: Dampf, Dampf! Ich peitsche Dampfwolken in den Stoff, bis mir der Schweiß von der Brille perlt. Puh! Nicht meine beste Runde, aber es hat mich nur kurz zurückgeworfen. Zwei leichte Taschentücher lassen mich den Rückstand sofort wieder ausbügeln.

Das Ziel ist in Sicht: Die letzte Gerade – geschafft! Ich bin Weltmeisterin!!! Das geliebte Boxenluder spritzt mich mit Mineralwasser voll. Trunken vom Sieg lasse ich mich in den Sessel plumpsen. „Mein Gott, bin ich fertig. Das reicht mal wieder für eine Woche."

Im nächsten Heft: Alles über Gemüseschnippeln beim Fußball; Nägellackieren beim Eiskunstlauf und Backen beim Boxen :-)

Ein bisschen Frieden ...

Ich dachte bisher von mir, ich sei eine friedfertige Frau – sanft, rücksichtsvoll, mitfühlend. Aber neulich habe ich meine unsympathische Schwester in mir entdeckt (Sie wissen schon, so nach dem Motto: Ich bin viele). Diese Tusse war ekelhaft, schimpfend, drängelnd, gnadenlos. Die Verwandlung geschah in Sekundenschnelle, der Auslöser hatte 324 PS. „Das Sein bestimmt das Bewusstsein" hat schon der olle Marx verkündet. Und der Motor deines Autos bestimmt dein Verhalten – das habe ich gelernt. Normalerweise bin ich eine brave VW-Fahrerin, freue mich, wenn ich mit 160 zügig überholen kann, schaue stetig in den Rückspiegel, lasse Langsamere vor, bin halt die klassische Mittel- bis Rechtsspurfahrerin. Aber neulich habe ich ein Geschoss unter den Hintern bekommen, einen Leihwagen der feinsten Art. Und konnte mir dabei zuschauen, wie alles Nette von mir abfiel, wie das Tier in mir brüllte. Mein Gott, wie schnell man sich daran gewöhnen kann, mit 220 die linke Spur freizublinken, wie verächtlich man diese 160er-Schleicher hinter sich lässt, und wie schlagartig das Verständnis für Bergauf-Überholer schwindet, die einen zwingen, abzubremsen. Was für ein fürchterliches Wort: Ab-bremsen – eine Zumutung! Und welche Worte aus meinem Munde drangen, unfassbar, ich konnte mir selbst kaum zuhören. War ich froh, dass mein Mann nicht dabei war, oder gar die Kinder! Sie hätten ihre Mutter nicht wiedererkannt. „Fahr doch rüber, du Depp. Nein, jetzt dieser Affe auch noch. Könnt ihr nicht zu Hause bleiben, wenn ihr nicht Auto fahren könnt ...!" Gib Menschen Waffen in die Hand, und sie werden sie benutzen. Ein aktuelles Thema, über das man keine witzigen Kolumnen schreiben kann. Aber mein Autobeispiel hat mir gezeigt, dass Frieden nicht erst an einer Grenze zwischen zwei Ländern entsteht oder zwischen zwei Kulturen, sondern bereits bei mir selbst, in meinem Umgang mit der Welt. Jede Einzelne von uns ist ziemlich machtlos, in den Weltenlauf des Terrors und des Krieges einzugreifen. Und dass diese eigene Machtlosigkeit, dieses Ausgeliefertsein Furcht erzeugt, ist nur zu verständlich. Umso mehr, das ist meine Einsicht dieses Jahres, kommt es darauf an, etwas für den Frieden in meiner Welt zu tun. Nicht nur dadurch, auf eine Demo zu gehen und die anderen aufzufordern, doch bitte Frieden zu halten. Sondern durch mein eigenes Verhalten.

Aggression erleben wir ja nicht nur auf der Autobahn, sie ist Teil unseres täglichen Lebens. Auch und gerade in Unternehmen! Wir müssen uns nur die Wortwahl ansehen, die in Unternehmen gerne gepflegt wird: Da befindet sich ein Konzern im Krieg mit einem anderen, es gibt feindliche Übernahmen und Abwehrschlachten; wir reden von den Mitarbeitern an der „Kundenfront", (was für ein Paradox in Zeiten der propagierten Kundenzufriedenheit)! Wir erkämpfen uns Chancen und entwickeln Strategien, wenden eine bestimmte Taktik an und suchen uns eine gute Ausgangsposition, um gegen unsere Feinde zu bestehen – alles Begriffe aus der Militärsprache.

Doch die Abwertung anderer fängt schon viel früher an. Ich habe vor einiger Zeit den Vortrag eines bekannten Designers gehört. Dieser Mensch ist offensichtlich wirklich ein Genie, er schafft stilbildende Werke – doch sein Menschenbild ist eine Katastrophe! Er erzählte ununterbrochen von Vollidioten und „A...-Lö...", mit denen er es in Unternehmen zu tun hätte. Er ließ kein gutes Haar an seinen Geschäfts-„partnern". Seine Aggression war so überwältigend, dass das Publikum sich innerlich – von ihm unbemerkt – ganz still zurückzog, ihn allein ließ mit seiner Wut, ihm das Interesse und die Zuneigung entzog. Ja, man war peinlich berührt. Hinterher kam keine einzige Frage, es entstand keine Diskussion, das Publikum zerstreute sich. Mir war völlig klar, warum niemand mit diesem Menschen zusammenarbeiten will, der ihn kennt. Aber vor allem fragte ich mich, wer diesen Menschen (dieses Kind?) so verletzt hat, dass er so erbarmungslos um sich schlagen muss? Denn Aggression, das wissen schon Kleinkind-Verhaltensforscher, entsteht immer aus Furcht. Wer sich in die Ecke gedrängt, schlecht behandelt, zu kurz gekommen fühlt, schlägt zurück – oder wirft mit Sand.

> **Das Autobeispiel hat mir verdeutlicht, dass Frieden nicht erst an einer Grenze zwischen zwei Ländern entsteht oder zwischen zwei Kulturen, sondern bereits bei mir selbst, in meinem Umgang mit der Welt.**

Das erleben wir auch im Job: Ein Kollege, eine Kollegin, die Angst hat, zieht sich entweder in die Opferrolle zurück oder wird aggressiv. Wir wundern uns dann manchmal über jemanden, dem wir doch „gar nichts getan" haben, und der uns dauernd anmacht. Wir verstehen gar nicht, warum jemand so zickig oder jähzornig ist, warum wir sagen können, was wir wollen, und immer missverstanden werden. In vielen Coachingsitzungen bin ich darauf gekommen, dass meistens Angst dahinter steckt – um den Arbeitsplatz, vor der Konkurrenz, um die Existenz, oder einfach darum, nicht lieb gehabt zu werden. Ängste, die die anderen oft gar nicht für möglich halten. Aber hören Sie mal zu, wie eine Abteilung über die andere spricht, Chefs über Mitarbeiter, Mitarbeiter über Chefs, und alle über die blöden Kunden. Vor allem derzeit ist Angst eines der vorherrschenden Gefühle in vielen Unternehmen, sie ist mit Händen zu spüren.

Angst ist eines der Hauptgründe für schlechtes Betriebsklima und Kollegenstress. Ja auch für Intrigen und sogar für Mobbing. Die eigene Angst einer Gruppe oder eines Einzelnen wird dann an einem Sündenbock abreagiert. Wer zugeschlagen hat, fühlt sich hinterher – wenigstens für einige Zeit – erleichtert. Lenkt von seinen eigenen Problemen ab und erträgt diese Welt wieder eine Zeit lang. Bei den Mobbingopfern richtet sich übrigens die erlittene Aggression leider meist gegen sich selbst, sie werden depressiv oder gar suizidgefährdet. Aggression gebiert Aggression, nach außen oder innen. Und deshalb braucht jede von uns ihre private „UNO-Blauhelmtruppe", die bei Konflikten vermittelnd eingreift, Grenzen schützt und Übergriffe verhindert.

Die Ziele meiner persönlichen „Blauhelme":

1. Überprüfe dein Menschenbild, denn wenn du alle anderen als Idioten ansiehst, schaffst du Aggression.
2. Gib Menschen einen Vertrauensvorschuss, bedenke, dass jeder Mensch als bezauberndes Baby geboren worden ist, und sein Verhalten Ursachen hat (um uns nicht misszuverstehen: Es geht um Verstehen, nicht um Entschuldigen).
3. Reiche Menschen die Hand: Wenn du den ersten Schritt nicht machst, warum sollte es der andere tun?
4. Es kommt alles zurück: das Gute wie das Böse. Entscheide dich für das Gute. Auch deines eigenen Seelenheils zuliebe.
5. Such dir für deine eigene Wut und Enttäuschung keine Menschen als Blitzableiter, vor allem nicht daran unschuldige.
6. Erkenne verborgene Aggressionen in dir, und versuche sie aufzulösen.

Denn: Der Frieden beginnt zuallererst in mir selbst. Und wenn ich meine Welt ein bisschen abrüste, wird sie gleich ein winziges Stück lebenswerter. Auf dass die „Großen" sich ein Vorbild an uns nehmen. Peace in the Office and everywhere!

Fröhlich in fremden Betten

Manchmal wache ich morgens auf, weil ein Schnellzug mit lautem Kreischen durch mein Zimmer rast. Manchmal wache ich morgens auf und haue mir den Kopf an einer dummen Lampe an. Manchmal wache ich morgens auf und weiß nicht, in welcher Stadt ich bin. Nein, Sie brauchen gar nicht so zu kichern, ich trinke nicht zu viel. (Sie kennen vielleicht meinen Lieblingswitz: „Ich habe eine schwere Lederallergie", sagt die Frau zum Arzt. „Immer wenn ich morgens beim Aufwachen feststelle, dass ich die Schuhe noch anhabe, habe ich so einen Brummschädel.") Es liegt auch nicht an meinem Alter. Nur weil ich mir keine Namen mehr merken kann, müssen Sie ja nicht behaupten, dass ich Alzheimer habe! Ich treffe einfach zu viele Menschen. Aber: Das viele Reisen fordert doch seinen Tribut. Ich bin hotelgeschädigt.

Als Kind habe ich mich oft über meine Eltern geärgert, wenn sie bei Einladungen zu Familienfeiern gesagt haben: „Ne, Übernachtung brauchen wir nicht, wir fahren abends wieder nach Hause." Ich wäre viel lieber geblieben und hätte das Matratzenlager mit Cousinen und Cousins geteilt. Heute kann ich meine Eltern besser verstehen (und dies hat ganz eindeutig etwas mit dem Alter zu tun, ich geb's zu).

Es gibt nichts Wunderbareres als das eigene Bett. Und deshalb versuche ich, wann immer es möglich ist, nach einem Auftrag nach Hause zu fahren. Doch das geht natürlich nicht immer, was bleibt: ein Hotel. Vor allem auf solchen Wahnsinnstouren, die einmal pro Vortragssaison anstehen nach dem Motto: Sieben Tage, sechs Städte, fünf Betten.

Eigentlich könnte ich mich nebenberuflich als Hoteltesterin bewerben. Ich hätte für diese Tests drei Hauptkriterien. Das erste Kriterium: das Zimmer. Ich habe schon Hotelzimmer bewohnt, die als Rache eines von seiner Gattin verlassenen Architekten an Singles gelten könnten. Die waren so klein, dass ich nicht einmal den Koffer aufklappen konnte. Die hatten Betten, bei denen die Zehen auf der unteren Bettkante auflagen (ich bin zwar nur knapp über 1,60, schlafe aber auf dem Bauch). Die hatten so dünne Vorhänge, dass ich beim Licht der Straßenlaterne vor dem Fenster hätte Zeitung lesen können. Einzelzimmer liegen gern direkt neben dem Lift. Oder über dem Lieferanteneingang. Was habt ihr Hotelmenschen gegen Alleinreisende?

Und warum dieser Psychoterror im Bad?! Kennen Sie den Film „Psycho", in dem die junge Frau hinter dem Plastikvorhang ermordet wird? Neulich hat, so war in der Presse zu lesen, ein internationales Forscherteam herausgefunden, warum sich nasse Plastikfolie beim Duschen immer so gern um den Körper wickelt. Igitt, ich will die Gründe nicht wissen, nichts über Luftwirbelströme hören – ich will einfach keinen fremden Plastikvorhang auf meinem Rücken! Was will ich denn? Ich will Glasschiebewände vor Dusche oder Badewanne. Und einen Vergrößerungsspiegel. Hey, Leute, ich bin kurzsichtig! Was hilft mir eine vier Quadratmeter große Spiegelwand, wenn ich wegen eines supermodernen Marmor-Waschtischs nicht nah genug herankomme, um mir die Wimpern zu tuschen?

Gott sei Dank gibt es immer mehr Hotels, in denen ich mich wie zu Hause fühlen kann. Das können Hotels großer Ketten (wie das Park Hyatt in Hamburg, das Hilton am Berliner Gendarmenmarkt oder das Maritim an der Frankfurter Messe) sein, oder hübsche Einzelhotels wie der romantische Eichenhof in Greven bei Münster oder das edle Schloss Eckberg in Dresden.

Zweites Kriterium: das Frühstück. Ich war vor kurzem eine Woche lang in einem „Wellness-Hotel", um an meinem nächsten Buch zu schreiben. Dort gab es eine Woche lang jeden (!) Morgen die gleichen drei Sorten Wurst und den gleichen langweiligen Käseaufschnitt (wahrscheinlich gibt es ganzjährig das Gleiche, aber das möchte ich gar nicht austesten).

Ein Lächeln, leider nicht selbstverständlich, die Bereitschaft zu (be)dienen, die Aufmerksamkeit jedes Einzelnen sind das Sahnehäubchen auf jedem Hotelkomfort. Dieses „kleine bisschen Mehr" macht den Unterschied.

In anderen Hotels werden ab neun Uhr die leeren Platten nicht mehr aufgefüllt, nach dem Motto: „Wer zu spät kommt, den bestraft die Frühstückskraft". Oft müssen sich Teetrinker an einem kochend heißen Samowar die Finger verbrennen, während Kaffeetrinkern die Kannen an den Tisch gebracht werden. Ich finde das ungerecht.

Natürlich gibt es auch hier rühmliche Ausnahmen. Das tollste Frühstücksbuffet, das ich je genießen durfte, findet sich im Favorite Parkhotel in Mainz, da bleibt kein Wunsch unerfüllt, der Blick über den Rhein inklusive. Den schönsten Ausblick als Stadthotel hat sicher das Adlon in Berlin, nämlich direkt auf das Brandenburger Tor (dafür kostet ein Kännchen Tee ca. 9 Euro, das finde ich etwas übertrieben, selbst für diesen Blick).

Drittes Kriterium: die Mitarbeiter. Am Gesicht der Empfangsdame kann ich inzwischen analysieren, welchen Führungsstil ein Hotel pflegt. Wie heißt es im Schwäbischen: „Die Treppe wird von oben gekehrt!" So wie ich empfangen werde, so werde ich mich während des ganzen Aufenthalts fühlen. Die Alternativen reichen dabei von einem barschen „Sie wünschen?" bis zu einem strahlenden „Willkommen!".

Ein Lächeln, leider nicht selbstverständlich, die Bereitschaft zu (be)dienen, die Aufmerksamkeit jedes Einzelnen sind das Sahnehäubchen auf jedem Hotelkomfort. Dieses „kleine bisschen Mehr" macht den Unterschied: Wenn ich an der Rezeption frage: „Können Sie das bitte in mein Fach legen?", und zur Antwort bekomme: „Wir bringen es Ihnen aber auch gerne aufs Zimmer", wenn der Restaurantchef am zweiten Abend meinen Namen kennt, wenn die Reinigungsfrau auf dem Flur lächelnd grüßt ...

Neulich bekam ich in einem schweizer Hotel von einer unaufmerksamen, grantigen jungen Bedienung die Rechnung auf den Tisch geknallt. Unter der Summe stand „Tip", damit war natürlich das Trinkgeld gemeint, ich aber schrieb ganz ernsthaft in diese Zeile: „Versuchen Sie es doch mal mit Freundlichkeit!" Wofür schreibe ich Ratgeber?

P.S. Manchmal wache ich morgens auf, weil sich ein lautes Schnarchen direkt in mein linkes Ohr bohrt. Dann seufze ich erleichtert, stupse den liebsten Mann der Welt zärtlich an und drehe mich noch einmal um – denn ich weiß, ich bin zu Hause.

Das wäre Ihr Preis gewesen ...

Kennen Sie die: Es gibt eine Fernseh-Quiz-Show, in der müssen sich die Kandidaten für eine von drei Türen entscheiden, hinter zweien warten attraktive Preise, hinter der dritten der „Zonk", ein verwuscheltes Untier, das bedeutet „Pech gehabt!". Wenn es um Lebensentscheidungen geht, dann fühlen wir uns oft wie vor einer solchen Alternative, welches ist das richtige Türchen? Ziel eins oder zwei, oder wartet auf uns nur ein hämisch grinsender „Zonk"? Um das richtige Ziel herauszufinden, ist es hilfreich, erst einmal zu wissen, was uns im Leben antreibt, was uns wirklich wichtig ist, wofür es sich überhaupt lohnt, etwas an unserem Leben zu verändern. Was halten Sie in diesem Zusammenhang von dem schönen Wort „Erfüllung"?

„Erfüllung" – dieses Wort muss man sich auf der Zunge zergehen lassen. „Erfüllung" – da steckt die Fülle drin, voll gefüllt, erfüllt, füllen (vielleicht denken Sie an eine köstliche Praline mit Füllung). Das Gegenteil ist – Leere. Wenn ich an dieses lähmende Wort denke, wird mir das Herz schwer, fühle ich so ein Ziehen in der Brust, denke an sinnentleert, hohl, vertan, vergeudet (oder an die Papierhüllen einer leergefutterten Pralinenschachtel). Ich denke an:

- Jobs, die man nicht liebt
- an Aufgaben, deren Sinn man nicht sieht
- an Vorgesetzte, die man nicht achten kann
- an Anweisungen, die man nicht versteht
- an Ziele, die man nicht mitträgt
- an Projekte, deren Nutzen man nicht erkennt
- an Büros, die man hasst
- an Tage, in die man nicht aufwachen will
- an Abende, die den Tag nicht mehr retten können

Doch kehren wir noch einmal zum Wort „Erfüllung" zurück – bei diesem Begriff denke ich an:

- Freude beim Aufstehen

- den „Flow" bei der Arbeit
- Stunden, die wie im Flug vergehen
- kraftvolle Auseinandersetzungen
- Anstrengungen und Bemühungen
- Freude und Anerkennung
- ein Lachen, das man teilt
- Partner, für die man sich einsetzt
- Ziele, die man definiert und anstrebt
- einen fruchtbaren Austausch
- wohlige Müdigkeit am Abend

Zu arbeiten ist ein Grundbedürfnis des Menschen. Arbeit bedeutet: die eigenen Talente einsetzen zu können, etwas zu schaffen, etwas zu bewegen, Ideen umzusetzen, sich widerzuspiegeln, wichtig zu sein, die Existenz zu sichern. Das gilt übrigens für die bezahlte Arbeit wie für ehrenamtliches Engagement, für außerhäusliche Erwerbstätigkeit wie für Familienarbeit, für kreative Tätigkeiten wie für ordnende, für Handwerk wie Büro, für Frauen wie Männer, für Jung wie Alt. Dann allerdings beginnt schon die Individualisierung, die Verschiedenheit, die persönliche Priorität. Was treibt den Einzelnen an? Womit kann er sich selbst motivieren?

Kennen Sie Ihre wichtigsten Lebensziele, was steht ganz oben auf Ihrer Werteliste im Beruf? Wie hoch ist Ihre Motivation, die Ihnen hilft, etwas zu verändern? Ich bin mir sicher: Wer längere Zeit gegen seine Werte lebt und handelt, wer sie unterdrückt und wegschiebt, wer sich dadurch selbst untreu wird, kann auf Dauer nicht glücklich sein. Nicht umsonst spricht man bei manchen exorbitanten Gehältern von „Schmerzensgeld".

Wer längere Zeit gegen seine Werte lebt und handelt, wer sie unterdrückt und wegschiebt, wer sich dadurch selbst untreu wird, kann auf Dauer nicht glücklich sein.

Geld spielt generell eine sehr große Rolle bei Veränderungen, oder besser gesagt, bei der Scheu vor Veränderungen. Das habe ich in unzähligen Veränderungs-Workshops und Einzelcoachings erfahren. „Das kann ich mir nicht leisten, ich habe doch finanzielle Verpflichtungen", höre ich da, oder: „Ich möchte aber meinen Lebensstandard beibehalten". Das Unglück ins Gesicht geschrieben, der Magen übersäuert, die Seele bewölkt – aber „meinen Lebensstandard möchte ich nicht aufgeben". Welches Leben, welchen Standard? fragt sich der objektive Betrachter. Genug Geld zu haben, um sich mit Frustkäufen zu trösten? Nach zwölf Stunden Arbeit in die leere, aber mangels Partner oder Familie hübsch aufgeräumte Designerwohnung zurückzukehren? In teuren Hotels den Alltag zu ver-gessen? Dreimal im Jahr im Urlaub das Lebensgefühl zu genießen, das uns 46 Wochen lang schmerzlich fehlt? Welchen Preis an Unglück sind wir bereit, für den „Lebensstandard-Luxus" zu zahlen?

Geld ist die Hauptausrede, nichts verändern zu können, besser gesagt, verändern zu müssen. Und das hat einen Grund: Geld war die Glücks-Währung, in der wir in den letzten 50 Jahren gedacht haben. Mit Geld konnte man vielen Menschen ihre Zufriedenheit, ihre Erfüllung und was weiß ich noch abkaufen. Aber die Währung Geld ist dabei, ausgetauscht zu werden. So wie der Euro die Mark ablöst, und Reisen innerhalb Europas noch einfacher macht, so wird der Status Geld von anderen Wohlstandsoptionen abgelöst: Zeit, Sinn, Freude, Abenteuer, Herausforderung, Harmonie, Ästhetik.

Aus dem Amerikanischen kommt die Job-Formel „Love it, change it or leave it". Die meisten Menschen übersehen das „Change". Wenn ich meine Arbeit nicht mehr mag, muss ich sie nicht gleich hinschmeißen, sondern kann etwas daran verändern, damit es mir wieder besser geht. Wenn dies gar nicht möglich ist, weil sich etwa das System als zu starr erweist, habe ich immer noch die Alternative zu gehen. Auf jeden Fall die zufriedenere Variante als unglücklich zu bleiben!

Ich glaub, mein Hamster faxt

„Schreiben Sie doch mal was über den positiven Einfluss von Haustieren im Büro!", schlug vor kurzem eine Leserin vor. „Eine Katze beispielsweise trägt sehr zu einer entspannten Atmosphäre bei." Ehrlicherweise fand ich diesen Gedanken anfangs etwas abwegig. Und überlegte kritisch, wie es bei Vorgesetzten oder Kunden ankäme, wenn sich eine schnurrende Perserkatze auf dem Schreibtisch räkeln würde (und was ist mit Katzenhaar-Allergikern?). Ich stellte mir auch vor, wie ein gelangweilter oder liebeskranker Pudel zur Beinschere bei jedem Besucher ansetzt, jaul.

Doch je mehr ich darüber nachdenke, umso mehr weicht meine Skepsis dem Spaß an diesem Thema. Ich habe den Gedanken der Atmo-Katze weiter gesponnen und gleich ein Konzept für das perfekte „animal-gesteuerte Office" entwickelt. Wow, eine tierisch coole Idee.

Geholfen hat mir dabei ein Besuch bei meinem ältesten Bruder. Er besitzt zwei Hunde, einer davon heißt „Lady". Welch ein Euphemismus! „Lady" ist ein kalbsgroßer Höllenhund, mit der Verdrängungsmasse eines Pottwals. Sein kürbisgroßer Kopf wird von einem Maul mit riesigen Lefzen gekrönt. Ein Maul, das mit einem Happs leicht einen (mittelgroßen) Chef verschlucken könnte.

Was hat „Lady" im Büro zu suchen? Ich höre immer wieder die Klagen von Assistentinnen, dass manche Mitarbeiter schnurstracks in das Büro des Chefs stürmen, ohne ihre Erlaubnis einzuholen (ja, so was gibt's, ein Teufelskreis!). Mit „Lady" vor der Tür wäre das vorbei! Strategisch postiert, würde allein ihre Körpermasse als Barriere ausreichen. Und selbst der tollkühnste Besucher nimmt Reißaus, wenn sie nur einmal kurz die Lefzen hebt und ihre Hauer blitzen lässt. (Es muss ja keiner wissen, dass Lady als erste unter den Couchtisch kriecht, wenn jemand Fremdes an der Haustür ist.)

Animals for Office! Die Idee gefällt mir immer besser. Ich spüre, wie meine Kreativität gekitzelt wird. Ich erinnere mich an die weitverbreitete Klage der fehlenden „Streicheleinheiten" für die fleißige Office Managerin. Sie schuftet und macht, und wer kümmert sich um ihr Wohlergehen? Niemand. Im animal-gesteuerten Büro übernimmt das eine niedliche Haus-Ratte (Sie wissen schon, das was jahrelang aus Punk-Pullovern lugte). „Rudi the Rat" hält der Sekretärin den Nacken frei, sprich, er wohnt vornehmlich in Blusen- oder Pulloverausschnitten und sorgt dort für den wohltuenden Hautkontakt. Können Sie sich das Trippeln der kleinen Pfoten auf Ihren Schultern vorstellen? Gänsehaut! Sie als ihr Frauchen müssen nur darauf aufpassen, dass sich „Rudi the Rat" mit Freddy, dem Frettchen, verträgt, das zum Transport der Hauspost abgerichtet ist. Egal, welches Schriftstück zu transportieren ist, Freddy Frettchen saust los: In eine Lasche an seinem Hals wird die Mitteilung geklemmt, Tür auf, der Adressat im anderen Büro muss nur einen kleinen Teller mit Tatar vor seine Tür stellen, Freddy schnüffelt kurz und – wutsch, weg ist das Tier.

Brav auf seiner Stange bleibt dagegen der Anrufbeantworter-Papagei. „Diesses Bürro ist zurr Zeit nichttt besetzttt", schnarrt er: „Hinterrrrlasssen Sssie Ihrren Namen unddd eine Nachrrichtt!" In der zweiten Einführungsphase kann man ihm sogar beibringen, auf bestimmte Namen differenziert zu antworten: „Zahlen Ssie errrrsttt mal Ihre Rrrechnung!" Oder: „Nein, Marrrie-Luisssse hat keine Zeittt, mit Ihnen aussszugehennn!"

> In Werbeagenturen oder Beratungsunternehmen hält man sich als Reißwolf natürlich etwas Exotischeres, einen Reiß-Aligator beispielsweise, ganz in Kroko. Und für das Home Office oder für unterwegs gibt es den praktischen Reißhamster, der die Papierschnitzel umweltfreundlich in seinen Backen hamstern kann.

Apropos Rechnung: Ich sehe ihn direkt vor mir – den Reißwolf. Mit seinen imposanten Reißzähnen macht er alles kurz und klein, was man ihm vor die Nase hält. Damit er tatsächlich nur Konfetti produziert, sollte man allerdings mit der Hand recht fix sein. In avantgardistischen Büros, also in Werbeagenturen oder Beratungsunternehmen, hält man sich als Reißwolf natürlich etwas Exotischeres, einen Reiß-Aligator beispielsweise, ganz in Kroko. Und für das Home Office oder für unterwegs gibt es den praktischen Reißhamster, der die Papierschnitzel umweltfreundlich in seinen Backen hamstern kann. Zu Hause kann man die Fetzen gleich als Einstreu für den Käfig nutzen. Materialwirtschaft vom Feinsten.

Und dann, also dann bräuchte es unbedingt noch eine Anakonda. Sie wissen schon, diese Urwald-Riesenschlange, die ihre fünf Meter neunzig elegant um jeden Hals schlingen kann. Kennen wir nicht alle diesen Spruch: „Den könnte ich erwürgen!"? Aber warum selbst die Hände schmutzig machen: Anna konn das. Ein leises Zischen unsererseits, und dem Kollegen, der mit seiner cholerischen Art in unser Büro stürmt und uns zur Sau (!) macht, bleibt die Luft weg.

Ein weiteres leises Zischen und Anna lässt wieder locker (dieser Trick gelingt allerdings nur bei guter sonstiger Fütterung).

Halt, stopp! Abgründe tun sich auf. Wilde, gewaltverherrlichende Fantasien fluten durch meine Vorstellung. Ob sich die Kollegin mit ihrer friedlich schnurrenden Atmo-Katze das so gedacht hatte? Lassen wir es lieber, und suchen uns andere Methoden gegen den tierischen Stress!

P. S. Wenn Sie noch andere überzeugende Vorschläge für das „animal-gesteuerte" Büro haben, lassen Sie es mich wissen. Mailen Sie mir unter *sasgodom@asgodom.de*. Unter allen Einsendern verlose ich eine Packung Katzenzungen.

Rettet die Speisewagen!

Ihr werdet es bereuen, bitter bereuen, ihr Planer von der Deutschen Bahn AG. Ihr werdet eine eurer treuesten Kundinnen verlieren. Und damit gleichfalls eine eurer besten PR-Botschafterinnen. Bis jetzt habe ich wirklich stets euer hohes Lied gesungen: Wie pünktlich mich euer ICE zu meinen Vorträgen oder Seminaren bringt; wie ich es genieße, nach getaner Arbeit in die weiß-roten Tiefflieger zu steigen und mich sicher nach Hause chauffieren zu lassen. Aber jetzt ist es aus mit der Freundschaft. Ihr wollt mir meine Kantine wegnehmen, meine Wärmestube und Kontaktbörse, meine Kurzweil und meinen Trost.

Ich habe ihn schätzen gelernt, den Speisewagen mit seinen überwiegend reizenden (und nur manchmal aufreizenden) Kellnern. Mehr als 40 000 Kilometer habe ich jeweils in den letzten zwei Jahren mit der Bahn zurückgelegt, einen Großteil davon in den, na ja innenarchitektonisch meist verunglückten, aber trotzdem ganz netten Speisewagen.

Ich kenne mich aus, glaubt mir. Der Grünkohl mit Mettwurst ist wirklich lecker, auch wenn man hinterher einen doppelten Schnaps braucht. Diesen Genuss leiste ich mir daher nur abends auf dem Rückweg. Auf der Hinfahrt bevorzuge ich eher den Salat mit Schinken, Käse und den leckeren Körnern. Und das Frühstück! Wirklich frische Semmel, köstliche Croissants, Eier à la minute!

Und nun wollt ihr mir das rollende Restaurant einfach wegnehmen, mitsamt den aufmerksamen Mitropamitarbeitern? Ihr seid wohl narrisch! Wer wird mich nähren, wer mich in der (Gott sei Dank) rauchfreien Zone verwöhnen? Wer wird auch bei stärkstem „Seegang" gekonnt das alkoholfreie Bier einschenken? Soll ich in Zukunft harte Eier und Käsebrote einpacken, wie damals, als ich als Kind die ersten Bahnreisen unternahm? Oder vorher im Bahnhofs-McDonalds die kleine Juniortüte erstehen? Ich will meinen Speisewagen behalten, will auch nicht als schlechten Ersatz den „Am-Platz-Service" der früheren Fahrkartenknipser und heutigen „Servicemitarbeiter". Denn das

Allerschönste am Speisewagen war doch die Chance, auf einer langen Reise wenigstens mit ein paar netten Leuten ins Gespräch zu kommen.

Ich erinnere mich an eine Fahrt vor zwei Jahren. Ich kam aus Frankfurt, saß mal wieder im Speisewagen. Der Wagen war gut besetzt, unter anderem saß eine Gruppe Trauernder darin, die wohl von einer Beerdigung kamen, die Stimmung war eher gedämpft. Ich löffelte still mein Chili con Carne. In Ulm hieß es plötzlich: „Wegen eines Oberleitungsschadens können wir leider nicht über Augsburg nach München fahren. Wir werden über Günzburg und Ingolstadt umgeleitet."

Erst ein kollektives Aufseufzen. Plötzlich fingen die Gäste an, sich nach und nach miteinander zu unterhalten, ja, es trat eine übermütige Stimmung ein, wie auf einem Schulausflug. Wir wurden richtig albern, ganz aufgeregt. Als der Zug langsam über eine Weiche rumpelte, witzelte jemand herum, ob wir über Feldwege nach Ingolstadt fahren müssten. Der Zug schlich durch die Nacht. Die Stimmung stieg, einige stellten fest, dass es Zeit für Sekt wäre. Der ganze Wagen bestellte. Die Stimmung wurde immer ausgelassener, die Trauernden stießen fröhlich mit an. Gelächter an allen Tischen. Es war fast schade, als wir schon drei Stunden später in München ankamen. Die Piccolos waren alle.

Auf vielen Fahrten war der Speisewagen die einzige Rettung vor dem zunehmenden Erste-Klasse-Autismus.

Aber auch auf anderen Fahrten war der Speisewagen die einzige Rettung vor dem zunehmenden Erste-Klasse-Autismus. Gespräche gibt es ja dort nur noch per Handy. Ansonsten sitzen die gestressten Topverkäufer vom Key-account-Kunden kommend über ihre Notebooks gebeugt, um wahnsinnig wichtige Berichte in die Tasten zu hauen. Auch die voll klimatisierten Großraumwagen verringern die Chance, im Fenster-Einzelplatz an einen freundlichen Gesprächspartner zu geraten. Konnte früher im Abteil noch über die Frage diskutiert werden, ob das Fenster lieber etwas offen oder ganz geschlossen sein sollte, ob der Heizungshebel mehr nach Blau oder nach Rot tendieren sollte, Licht an oder aus, liegt das heute alles nicht mehr in der Hand von uns Reisenden. Ja selbst das gezielt eingesetzte „Auf-den-Fuß-treten-oh-das-tut-mir-jetzt-aber-Leid", um in Kontakt zu kommen, ist kaum noch möglich.

Im Speisewagen waren die Chancen für ein halbwegs geistreiches Gespräch noch am allergrößten. „Dürfte ich bitte mal die Speisekarte, den Pfeffer, o. Ä.

haben", eröffnete manchmal ein tiefschürfendes philosophisches Gespräch (oder wenigstens einen kleinen Flirt). Ich erinnere mich, dass ich manche Mitfahrenden mehrmals hintereinander traf (einen erkannte ich wieder, weil er zwei Uhren trug, an jedem Handgelenk eine, ein wunderbarer Anknüpfungspunkt). Im Speisewagen traf ich aber auch alte Bekannte aus München, die ich seit Monaten nicht mehr gesehen hatte. „Was, du hier?" Hier schloss ich sogar neue Freundschaften (hallo, Conny!). Und führte meine ersten Akquisegespräche als selbstständige Trainerin, und verteilte meine nigelnagelneuen Visitenkarten.

Der Speisewagen war Wohnzimmer aller Vielreisenden, und wo bekommt man in München schon ein frisch gezapftes Radeberger? Ich sag's euch noch ein letztes Mal, Bahnmenschen, nehmt mir meinen Speisewagen nicht weg, sonst steige ich gleich um auf eure Konkurrenz – auch über den Wolken kann die Einsamkeit grenzenlos sein – aber sie ist kürzer!

Süßer Traumchef gesucht

Vor kurzem saß ich mit meinen Freundinnen Susi und Silvia beim Wein zusammen. Die beiden, sie arbeiten in großen Unternehmen, lästerten schon eine ganze Zeit lang über ihre Chefs. Sie schossen sich so richtig ein: Der eine ist so unnahbar, man kriegt erst nach Wochen einen Termin, der andere kommt in Konferenzen einfach nicht auf den Punkt. Der eine ist viel zu steif, der andere hat keinen Stil, ja er pult sogar nach dem Mittagessen in den Zähnen herum. Ich selbst konnte nicht richtig mitreden, weil ich in den letzten neun Jahren vor meiner Selbstständigkeit ausschließlich Chefinnen hatte. Und über meine Auftraggeber, die ja auch alle Chefs sind, rede ich nicht.

Mir wurde schließlich langweilig von dem Lamento, ich bestellte eine neue Runde Rioja, zog dann einen Zettel aus der Tasche und fragte die Mädels: „Nun sagt mir doch mal, wie müsste denn euer Traumchef aussehen, was macht den Macher zum Supermario?" „Er muss süß sein", kicherte Susi. „Ich finde, das ist das Allerwichtigste." „Stimmt", gröhlte Silvia, „das Auge isst ja schließlich auch mit." Ich konnte den Begriff „süß" nicht so recht mit dem Bild des Leiters einer Vertriebsabteilung zusammenbringen und fragte deshalb nach: „Was, um Himmels willen, ist süß?" (Man merkt halt doch die fünfzehn Jahre Altersunterschied.) Die beiden bekamen so einen träumerischen Blick, ließen den Wein im Glas kreisen, schnupperten, seufzten, tranken einen Schluck und dann legten sie los. Sie rasselten ihre Definition in solch einer Geschwindigkeit herunter, dass ich Mühe hatte zu folgen. Hier das, was ich mitschreiben konnte:

- Er muss wissen, was er kann, darf aber nicht arrogant sein.
- Er muss immer tiptop gekleidet, aber kein Lackaffe sein.
- Er muss Frauen mögen und keine Angst vor ihnen als Konkurrentinnen haben.
- Er muss höflich sein, aufmerksam und zuvorkommend, aber nicht schleimen.
- Er muss delegieren können, aber da sein, wenn man einen Rat von ihm braucht.

- Er muss richtig loben können, nicht nur so ein „prima, prima" stammeln, sondern sein Lob begründen können, damit man wirklich stolz darauf sein kann.
- Er sollte kein „Radfahrer sein", heißt: nach oben buckeln und nach unten treten.
- Er sollte sich ab und zu nach dem persönlichen Befinden erkundigen, sich an Partner oder Kinder erinnern, ohne aufdringlich zu sein.
- Er muss fair sein, darf den Mitarbeitern nicht ihre Erfolge neiden oder gar klauen. Im Gegenteil, er muss jeden zu Höchstleistungen motivieren.
- Er muss wissen, dass Frauen manchmal ihre ganz eigene Logik haben – und sie begreifen.
- Er muss ab und zu eine Überraschung parat haben: Das leckerste Eis der Stadt im Sommer oder eine wahnsinns-krasse Geschäftsreise, auf die er uns schickt.

Und manchmal – der Wein wirkte offensichtlich – müsste er „mal so ein bisschen verwirrt sein, so bubenhaft" (Susi), nicht immer Mr. Perfect, er muss auch mal einen Fehler machen und vor allem, ihn zugeben (Silvia). Und dann würde man ihm gerne helfen, alles wieder ins Lot zu bringen. Ein richtiger Mann müsste er halt sein, waren die beiden sich einig, nicht so ein cooler „Karrierefuzzi". Wir tranken noch einen Schluck.

> „Er muss ein Tiger sein. Er muss die Leute begeistern können, völlig verrückte Sachen machen, alle mitreißen, dann würde ich auch bis nachts um drei seine Präsentation vorbereiten."

„Er muss ein Tiger sein", röhrte Susi plötzlich. „Er muss die Leute begeistern können, völlig verrückte Sachen machen, alle mitreißen, dann würde ich auch bis nachts um drei seine Präsentation vorbereiten." Silvia unterbrach sie: „Und schöne Hände muss er haben, so gepflegte, maniküre, wenn er dir dann die Akten reicht ..." Sie verdrehte die Augen. Ich schaute wohl etwas zweifelnd, ob wir noch beim Thema „Chef" wären, aber Susi bestätigte: „Doch, Silvia hat Recht, man müsste sich jeden Tag freuen, ihn im Büro zu treffen. Es müsste eine Lust sein, für ihn zu arbeiten ..."

Wir schwiegen einen Augenblick versonnen, stierten in unseren rubinfarbenen Wein, und wurden plötzlich ziemlich ernst. Susi zog einen Flunsch, „Pah, das ist doch alles Quatsch, so einen Chef gibt es doch in Wirklichkeit gar nicht. Oder kennt ihr vielleicht so einen gut aussehenden, intelligenten, selbstbewussten, zauberhaften, Frauen schätzenden Boss?" „Hey, du musst die doch nicht gleich heiraten", warf ich lachend ein. „Die treten doch nicht zur Wahl des Mister Universum an, sondern sollen nur ihren Job gut machen. Und außerdem, was würden unsere Männer sagen, wenn wir mit einem solchen Supermann zusammenarbeiten würden, die hätten doch gar keine Chance gegen den?" „Stimmt", murmelte Silvia widerwillig, „aber schön wär's schon." Plötzlich hellte sich ihr Gesicht auf: „Du schreibst doch immer diese Kolumnen in der *working@office*. Schreib doch da mal rein, süßer Traumchef gesucht, Vorstellungen nur persönlich bei Susi, Silvia und Sabine!" Wir prosteten uns grinsend zu. Und das habe ich hiermit getan.

Nur noch Grillen im Kopf

Neulich war ich zur ersten Grillparty der Saison bei den Nachbarn eingeladen. Und habe wieder einmal etwas über Arbeitsteilung gelernt. Lissi, unsere Nachbarin, hatte ein Salatbuffet aufgebaut, das es in sich hatte: Sechs verschiedene Salate, natürlich alle selbst geschnipselt; dazu drei verschiedene Grillsoßen – nicht so profan wie bei uns zu Hause aus der Flasche, nein, natürlich selbst kreiert und gemixt.

Am Vormittag war sie zum Metzger ihres Vertrauens gefahren und hatte das bestellte Grillfleisch und die Würstchen abgeholt, das Fleisch anschließend in ihrer Spezialmarinade – heiß und feurig – eingelegt. Dazu gab es köstliches Knoblauchbrot, natürlich auch à la Lissi. Sie hatte den Wein gekauft, und die Gürkchen. Sie hatte die Holzkohle besorgt und den Grill geputzt.

Kurz gesagt, das Essen war göttlich. Ganz klar, dass sie der Star des Abends war! – Haha, das glauben Sie? Sie kennen die ungeschriebenen Grillregeln wohl nicht? Der Star war – na klar ihr Mann Uwe. Er kam ein bisschen spät aus dem Büro, da hatten wir schon die ersten Flaschen Prosecco geköpft und Knoblauchbrote gegen den Hunger vertilgt. „Denn ans Gerät darf nur der Papa", wie Lissis Kinder verkündeten.

Schnell warf Uwe sich in eine alte Jeans, band eine bunte Schürze um mit dem Aufdruck „Hier kocht der Chef", ließ sich Feuerzeug, Handschuhe und Grillbesteck reichen – und schon war er in seinem Element. Er rührte sich die nächsten drei Stunden nicht von der Stelle, die anderen Familienmitglieder mit kurzen Kommandos dirigierend: „Ein Bier für mich", „Ich brauche noch ein Handtuch". „Bring mir was, um das Feuer anzufachen", „Wo sind die Würstchen?".

Ehrlich, das Fleisch war wirklich lecker, er hat es rechtzeitig gewendet und zum Verzehr freigegeben. Wie profan ausgedrückt. Denn genau dies sei die spezielle Kunst, erklärte er uns. Und weihte alle, die ihm zusahen, in seine Geheimnisse ein: Wie man den Glühpunkt der Holzkohle bestimmen kann, wie

Juni 2002

die strategische Ausrichtung der Würstchen zum Fleisch die größte Raumnutzung bietet. Warum ein Spritzer Bier auf die Nackenkottelets gehört, und vor allem, in welche Windrichtung der Grill ausgerichtet sein muss.

Die anderen männlichen Gäste scharten sich bald um ihn wie um einen Heerführer, bereit, ihm sofort zur Seite zu stehen. Ihre Verbesserungsvorschläge: Die Glut braucht mehr Kraft ..., also ich nehme immer ..., du solltest ..., wehrte er souverän ab.

Irgendwann tauschten die Männer die wildesten Grillgeschichten aus, wie sie in letzter Sekunde gerade noch eine Feuersbrunst verhindert hatten ..., und wie sie mal ein ganzes Spanferkel gegrillt haben, das auch schon kurz nach Mitternacht durch war, sodass man es endlich essen konnte ... So ähnlich müssen sich die ersten Steinzeit-Jäger gefühlt haben, als sie den erlegten Auerochsen gegrillt haben. Dies uralte Wissen glomm in den Augen unserer Männer, als sie im Rauch der Käseknacker standen.

Wir Frauen, in der Steinzeit als Sammlerinnen und Brutpflegerinnen bekannt, saßen derweil an unseren Salaten und tauschten Soßenrezepte aus. Nach dem Essen räumten wir die Tische ab, redeten über Erziehungsmethoden. Wuschen mal schnell das Geschirr ab, redeten über Diäten. Brachten die Reste in den Keller, sprachen über Eheprobleme. Legten Kinder zur Ruhe, besprachen die Vor- und Nachteile von Aktien gegenüber Fonds, oho!

So ähnlich müssen sich die ersten Steinzeit-Jäger gefühlt haben, als sie den erlegten Auerochsen gegrillt haben ...

Als die Nacht kühl wurde, und das wird sie im Juni bereits recht früh, verabschiedeten sich alle Gäste, nicht ohne laut und wortreich dem Helden für seine Taten zu danken: Klasse-Fleisch, lecker Würstchen ... War mal wieder Spitze. Uwe wehrte bescheiden ab: „Nein, nein, das ist nicht nur mein Verdienst, es komme schon auch – auf den richtigen Grill an." Der Abend endete harmonisch.

Nicht so ein Grillabend, von dem mir meine Freundin Susi einmal erzählte. Sie hatte im letzten Sommer ihren Chef samt Gattin zum Grillen eingeladen, und es hätte fast im Desaster geendet. Sie musste nämlich erleben, wie die beiden wichtigsten Männer in ihrem Leben erbittert über die Lufthoheit über dem Grill kämpften.

Es begann ganz harmlos. Der Chef gesellte sich jovial zum Ehemann, der gerade versuchte, den Grill in Gang zu setzen. Sie plauderten ein wenig. Aber dann machte der Boss eine kritische Bemerkung über die Art, wie der Ehemann versuchte, die Kohle anzuzünden. Autsch. Der fühlte sich persönlich angegriffen. Und musste erst recht beweisen, dass er alles richtig machte, und kämpfte verzweifelt um die Glut.

Susi: „Warum können Männer nicht zugeben, dass der andere etwas besser weiß? Du konntest sehen, wie die beiden Rechthaber sich regelrecht ineinander verkeilten." Äußerlich völlig cool, das Weinglas lässig balancierend, ging es um nichts weniger als die Ehre. Die beiden Männer lieferten sich ein erbittertes Grill-Duell. Wobei die Wahl der Waffen auf Worte fiel. „Also, ich habe einmal von einem alten Grillpapst gelernt ...", „Mein Vater hat immer ...", „Es ist wissenschaftlich erwiesen ...", „Ich habe schon 1985 entdeckt ...", „Am besten geht's einfach, wenn ...", „Das weiß doch jeder ...", „Soll ich Ihnen mal zeigen, wie ich ...?"

Die Stimmung heizte sich immer mehr auf, die Stimmen wurden schärfer, die Blicke giftiger, und Susi bekam nicht nur Angst um den schönen Abend, sondern um ihren Job. Sie zitierte ihren Mann kurzfristig in die Küche, um ihn anzuzischen: „Musst du meinen Chef so provozieren? Nun lass ihn doch auch mal ein Steak auf den Grill legen, wenn's ihm doch so wichtig ist. Willst du meine Karriere wegen eines blöden Grills aufs Spiel setzen?" Als sie wieder auf die Terrasse kamen, hörte sie noch, wie die Chef-Gattin ihrem Mann zuraunte: „Also, Herbert, nun gib doch mal Ruhe!"

Die Frauen sahen sich lächelnd an und wiegten nachsichtig den Kopf: „Ach, so sind sie, unsere Männer. Gib ihnen einen Grill und sie fühlen sich wie ein Hochseedampferkapitän." Die Kapitäne an der glühenden Maschine versuchten ihrerseits Frieden zu schließen. „Ja, das könnte ich ja mal ausprobieren ...", „Klingt gar nicht schlecht ...", „Wenn man es so sieht ...".

Susis Mann überreichte dem Chef schließlich sogar als eine Art „Friedenspfeife" seine Grillzange, der Boss bedankte sich mit Tränen der Rührung in den Augen, und lobte seinerseits die Qualität der Holzkohle. Und so wurde es dann doch noch ein sehr schöner Abend. Susi ist übrigens inzwischen befördert worden.

Und Lissi? Ach ja Lissi. Ich habe gestern mit ihr telefoniert, um ihr für den schönen Abend zu danken. Sie war gerade dabei, den Grill zu putzen, für den nächsten Einsatz. Macht ihr denn das gar nichts aus, wenn sie die ganze Arbeit ... Und der Mann spielt den Grillmeister? Sie lachte: „Den Spaß gönne ich ihm. Und es war doch ein herrlicher Abend, oder nicht? Übrigens: Übernächstes Wochenende, habt ihr da Zeit? Wir wollen wieder grillen ..." Aber klar, wir sind dabei.

Wissen Sie, wo der Schuh drückt?

Neulich habe ich mir für den Urlaub Schuhe gekauft – sportlich-flach, handschuhweiches Leder, die Sohle luftgepolstert, bequem ohne Ende. Ich „schwebte" beim Anprobieren förmlich durchs Schuhgeschäft, die Dinger passten perfekt. Beim ersten „Einlaufen" zu Hause spürte ich, dass der linke etwas strammer saß als der rechte – na ja, man weiß ja, Leder gibt nach, dachte ich.

Schon beim ersten Spaziergang durch unseren Urlaubsort in Andalusien rieb ich mir die linke kleine Zehe auf. Und nachdem ich die Treter endlich von den Füßen hatte, jaulte der Ballen an diesem Fuß laut auf. Eigentlich doch unmöglich bei diesem weichen Leder! Ich untersuchte die Schuhe und stellte fest, dass sie Größe 40 waren. Aber meine Füße haben Größe 41. Wie konnte das passieren? Ich hatte im Geschäft doch überhaupt nichts gemerkt. Dort hatten sie noch perfekt gepasst?! Da ich den zwanghaften Wunsch habe, in allem, was mir passiert, einen Sinn zu entdecken, suchte ich die Botschaft aus meinem Missgriff. Und kam auf einige Lebensweisheiten, die sich im Schuhkauf wiederfinden:

1. Neues macht high! Die Lust am Kaufen setzt bekanntlich Endorphine frei. Beim Schuhkauf verdoppelt sich die Hormonmenge offensichtlich noch einmal. Allein das Gefühl, in schönen Schuhen zu stöbern, fährt die Produktion von Glückshormonen auf Hochtouren und unterdrückt so mögliche Schmerzen. Bis das Hochgefühl nachlässt und die Nervenenden Alarm funken. Fast wie im richtigen Leben: Wenn wir begeistert etwas Neues anfangen, sehen wir erst mal nur die angenehmen Seiten. Der neue Job ist einfach aufregend, die Kollegen Klasse, der Chef/die Chefin Spitze. Wir „schweben" aus dem Vorstellungsgespräch, sehen nur die Vorteile, glauben, das Paradies gefunden zu haben. Sind von der neuen Aufgabe wie berauscht. Der Aufprall ist dann oft heftig. Und wir fragen uns: Warum haben wir das nicht gleich gesehen? Wie konnten wir nur so blind sein? Ich sage nur: Endorphine! Was lernen wir daraus: Die meisten neuen Schuhe müs-

sen erst eingelaufen werden, es lohnt sich, Geduld zu haben, es langsam anzugehen und mich selbst nicht zu überfordern. Um Hühneraugen auf der Seele zu vermeiden.

2. Image hat einen Preis. Wollen wir in atemberaubenden Manolo-Blahnik-Stilettos herumlaufen (Sie wissen schon, solche Schuhe, für die man eigentlich einen Waffenschein bräuchte)? Oder uns in Gesundheitsschuhen die Füße platt treten? Schätzen wir elegante High Heels oder schmale Ballerinas? Wir entscheiden selbst, in welches (Fuß-)Bett wir uns legen, wie unser Hüftschwung aussehen soll, kurz: welches Image wir möchten. Auch im Leben ist da so: Alles auf einmal können wir nicht bekommen! Wir müssen uns für gewisse Türen entscheiden, und andere fallen dadurch zu. Das ist unsere Entscheidung: Auf großem Fuß leben oder uns bescheiden. Hoch hinaus wollen oder die Bequemlichkeit vorziehen. Egal, was wir wählen, wir müssen immer einen Preis dafür bezahlen. Geschenkt bekommt man auch außerhalb des Schuhgeschäfts nichts.

3. Sagen, wo der Schuh drückt. Menschliche Füße sind nicht genormt. Menschen auch nicht. Bei jedem drückt der Schuh an einer anderen Stelle. Was dem einen passt, kann den anderen schmerzen. Was uns leicht fällt, kann andere drücken. Sie kennen sicher den Spruch: Love it, change it or leave it. Viele Menschen vergessen das „Change". So wie man von einem guten Schuhmacher Schuhe an der richtigen Stelle weiten lassen kann, so können wir an vielen Dingen in unserem Leben etwas verändern – wir müssen nicht gleich alles wegwerfen. Sagen, was uns nicht passt – das ist das Geheimnis. Nicht mit zusammengebissenen Zähnen „durchhalten", nicht erst die Schmerzgrenze abwarten, um dann radikale Schnitte vorzunehmen. Sondern rechtzeitig Druck abbauen, Lösungen finden, Raum schaffen, darum geht es, locker und entspannt, aber gradlinig.

Image hat seinen Preis: Wollen wir in atemberaubenden Manolo-Blahnik-Stilettos herumlaufen oder uns in Gesundheitsschuhen die Füße platt treten? Wir entscheiden selbst, in welches (Fuß-)Bett wir uns legen.

---

4. Einen festen Stand haben. „Rückwärts und auf Stöckelschuhen" hieß vor Jahren ein wunderbares Buch über den Erfolg von Frauen. Das Bild: Ginger Rogers, die berühmte amerikanische Showtänzerin, tat alles rückwärts und auf hohen Absätzen, was ihr Partner Fred Astair vorwärts und auf glatten Sohlen tanzte. Das Buch signalisierte: Frau hat es doppelt schwer.

Egal, welche Absatzhöhe wir bevorzugen: Das Kokettieren mit Spiel- und Standbein ist nicht ungefährlich. Wir sollten uns bemühen, stets einen festen Stand zu haben, dann kann man uns nicht so leicht umschubsen.

Frauen trauen sich manchmal nicht, einen klaren Standpunkt einzunehmen, Raum zu beanspruchen, viele machen sich eher klein – das sieht so adrett aus. Mag sein, doch im Business ist es wichtig, einen festen Stand zu haben, zu wissen „wofür man steht", Durchhaltevermögen zu beweisen (versuchen Sie das mal auf 20 Zentimetern Höhe). „These boots are made for walking" hieß mal ein rebellischer Frauensong von Tina Sinatra, der ein Hit wurde, als ich so 15, 16 war. Nächtelang haben wir durchgetanzt und mitgegröhlt. Die Zeiten ändern sich, (wenn man MTV, Jenifer Lopez und Kylie Minogue glauben soll, die nur noch in Fetzen und auf männermordenden Absätzen dahertanzen). Nicht immer zum Besseren, finde ich.

Ach ja, meine neuen Schuhe werden langsam die Meinen, ich trage sie jedes Mal ein bisschen länger, sie weiten sich zögernd. Doch ich habe Geduld. Der Sommer ist noch lang!

Machen Sie mal ein Date – mit sich selbst!

Wer ist der wichtigste Mensch auf der Welt für Sie? Ihr Partner? Ihr Kind? Mutter oder Vater? Ihr Chef/Ihre Chefin? Alle wichtig, ohne Frage. Aber der wichtigste Mensch auf der Welt? Der sollten Sie selbst für sich sein. Nein, ich meine nicht, dass Sie sich in eine rücksichtslose Ego-Zicke verwandeln sollten, die Ellenbogen stoßend nur auf ihren eigenen Vorteil bedacht ist; und die bei ihren Kreuzzügen verbrannte Erde hinter sich zurücklässt. Mit dieser Masche werden Sie sehr schnell sehr einsam und unglücklich, da bin ich sicher.

Aber, von etwas anderem bin ich ebenfalls überzeugt: Den freundlichen Egoisten gehört die Welt! Nicht den sich aufopfernden Heimchen, die sich immer und immer wieder hintenan stellen und jeden anderen wichtiger als sich selbst nehmen. Nicht denen, die immer gerne zurückstehen – „ach, das braucht's doch nicht", – sondern den selbstbewussten Menschen, die ihre Bedürfnisse äußern und sich mutig dafür einsetzen können (dabei berücksichtigend, dass auch ihr Gegenüber seinen positiven Anteil am Deal bekommt). Denen, die sich und ihre Energiebalance ernst nehmen.

So schlecht sind die meisten von uns dabei oft gar nicht. Eine Umfrage unter den Bezieherinnen meines Newsletters, den ich jeden Monat verschicke, brachte ein ermutigendes Ergebnis: Mehr als die Hälfte der Antwortenden gönnt sich täglich eine Stunde oder mehr Zeit nur für sich selbst. Ein Viertel schätzt die „Quality time" auf 30 bis 60 Minuten. Und nur ein Viertel bekannte, weniger als eine halbe Stunde Zeit für sich selbst am Tag zu haben.

Nicht erstaunlich, dass besonders viele Mütter und Frauen, die gerade den Job gewechselt haben, darunter waren, die in ihren Kommentaren virtuell seufzten: „Ich habe gar keine Zeit mehr für mich. Ich vermisse es – beispielsweise sich mal wieder so richtig genussvoll zu langweilen; auf dem Sofa zu liegen, ohne auf dem Sprung zu sein; spazieren zu gehen ohne Ziel; Sport zu treiben; mit Freunden zusammenzusitzen und einfach zu reden."

Kein Wunder, dass durch diesen Mangel an Entspannung der Energiepegel langsam, aber sicher sinkt. Natürlich machen Kinder Freude, bringt ein gutes Familienleben auch Kraft. Natürlich ist es wichtig, sich in einen neuen Job einzuarbeiten oder sich zu profilieren. Aber manchmal sind es zu viele Rollen, die Frauen gleichzeitig spielen: verdiente Mitarbeiterin des Monats, liebende Ehefrau, treu sorgende Mutter, verlässliche Freundin, perfekte Hausfrau, gute Tochter, freundliche Nachbarin, gute Zuhörerin ... Alle zusammengefasst: die Kümmerin. Ich habe ein paar Strategien zusammengestellt, mit deren Hilfe die Kümmerin sich Freiraum schaffen, Energie auftanken und mehr Luft zum (Durch-)Atmen bekommen kann:

1. Strategie: Wählen Sie den richtigen Mann. Jungen Frauen sei ans Herz gelegt: Machen Sie trotz aller Verliebtheit mal den Mami-Test: Bricht beim ersten Besuch bei seinen Eltern der verwöhnte Burschi durch, der gnadenlos sitzen bleibt, während Mama den Tisch abräumt, und der wie selbstverständlich die gewaschene und gebügelte Wäsche mitnimmt? Dann sollten alle Alarmglocken schrillen. Vermeiden Sie aber auch selbst, den Mann hausarbeitstechnisch zu entmündigen: Lassen Sie ihn doch bügeln. (Für die anderthalb Stunden, die er beim ersten Mal jammernd für seine vier Oberhemden braucht, können Sie sich ja im Schlafzimmer einsperren und die Ohren zuhalten!) Wer einem Mann ständig sagt, „Lass mal, ich mach das schon", darf sich hinterher nicht beklagen, dass er im Haushalt nicht „mithilft". Das Gleiche gilt übrigens für heranwachsende Kinder – unsere verwöhnten Sklaventreiber erziehen wir uns meist selbst.

> **Den freundlichen Egoisten gehört die Welt! Nicht den sich aufopfernden Heimchen, die sich immer und immer wieder hinten anstellen und jeden anderen wichtiger als sich selbst nehmen.**

2. Zähmen Sie Ihre innere Perfektionistin. Diese innere Stimme ist unheimlich stark und treibt uns immer wieder an. Was, du willst schon heimgehen? Auf dich wartet doch noch so viel Arbeit. Was, du liegst da faul auf dem Sofa? Schau mal die Spinnweben oben an der Lampe. Was, du willst mit deinem Kind schmusen? Die Küche ist noch nicht tipptopp. Diese Perfektionistin hält uns ständig auf Trab. Natürlich muss der Kuchen zum Kindergeburtstag in Nachtarbeit selbst gebacken werden. Natürlich muss man vom Küchenboden essen können. Natürlich muss man so lange im Büro bleiben, bis der Chef/die Chefin auch geht. Es könnte ja noch etwas Wichtiges kom-

men. Unsere Perfektionistin läuft Amok, wenn wir alle viere von uns strecken und uns auf ein duftendes Bad freuen: Hast du das verdient?, fragt Sie mit strenger Stimme unser Gewissen. Ja, ja, ja! Bieten Sie ihr Paroli, weisen Sie sie in die Schranken. Es ist Ihr Leben (und Sie haben nur eins!).

3. Vereinbaren Sie Dates mit sich selbst. Wir sind es gewohnt, berufliche Termine in den Kalender einzutragen. Und dazu die wichtigen privaten Kümmertermine: Arztbesuche, Sprechstunden in der Schule, Ballettaufführung und Tennisstunden für die Kiddies, Geburtstag der Schwiegermutter ... Warum sollten Sie sich nicht angewöhnen, auch Dates mit sich selbst einzutragen? Beispielsweise: Donnerstag, 18 bis 20 Uhr, Beauty Time im Badezimmer. Oder: Sonntag, 14 bis 16 Uhr, Spazierengehen mit Elli. Oder: Montag, 18 bis 20 Uhr, African Dance. Diese Verabredungen bringen Ihnen aber nur etwas, wenn Sie sie genauso wichtig nehmen wie die Termine für andere – und nicht leichtfertig absagen. Dann fällt Ihnen die Antwort auf Fragen wie: „Könntest du heute Abend meine Steuererklärung machen?" viel leichter: „Nein, leider nicht, ich habe einen Termin! Übermorgen würde es passen." Bekennen Sie sich zu Ihrer eigenen Wichtigkeit. Respektieren Sie Ihre Bedürfnisse. Nur wenn Sie Ihre Bedürfnisse ernst nehmen, werden es auch die anderen tun!

4. Pflegen Sie Ihr DIP-Programm. Den Zeiten, die unsere Energie fressen, müssen wir Zeiten entgegensetzen, in denen wir unseren Akku wieder aufladen. Eine wunderbare Methode für zwischendurch ist das DIP-Programm. Ich habe es extra für die Kümmerin erfunden. Stellen Sie sich vor, Sie brauchen im Büro zwischendurch mal ein bisschen Auszeit. Sie schauen blicklos aus dem Fenster, träumen vor sich hin, da kommt jemand herein. Anstatt hochzuschrecken und heftige Geschäftigkeit vorzutäuschen, sagen Sie ganz entspannt: „Könnten Sie in fünf Minuten noch mal vorbeikommen? Ich führe gerade mein Daily Inspiration Program durch!" Wetten, dass der andere sich, Entschuldigungen murmelnd, zurückzieht?

Klingt doch Klasse, oder? Daily Inspiration Program – ich liebe dieses Wort. Das klingt nach Wichtigkeit und Management, nach Professionalität und Nachhaltigkeit. Nein, Sie glotzen nicht einfach aus dem Fenster – Sie entwickeln Ideen, verbessern Ihre Kreativität, sammeln Kraft für die Arbeit. Und das alles zum Wohle des Unternehmens. Wer sollte das nicht ernst nehmen?

Ach, ja, ich muss jetzt leider Schluss machen, mein Daily Inspiration Program wartet auf mich, und das ist unheimlich wichtig, müssen Sie wissen.

Benchmarking mit der Madonna-Methode

„Madonna imponiert mir. Die hat Power. Die macht, was sie will. Die schert sich nicht um die Meinung von andern Leuten. Und macht 'ne super Musik." So schwärmte mir vor einiger Zeit eine Frau im Coaching vor. Und wir kamen sehr schnell darauf, genau das war auch ihr Thema: zu tun, was sie sich wünscht, ohne dauernd auf andere Leute zu hören.

Seitdem gehört die „Madonna-Methode" zum festen Repertoire meiner Coaching-Übungen. Sie eignet sich aber auch sehr gut zum „Selbst-Versuch". Probieren Sie es doch mal aus: Wollen Sie Ihre Persönlichkeit entwickeln oder noch mehr als bisher Ihre Wünsche und Träume leben? Dann nutzen Sie die Madonna-Methode für Ihr privates „Benchmarking". Benchmarking nennt man in Unternehmen eine Qualitäts-Strategie, mit der man von den besten Mitbewerbern lernen kann: Was machen die besser als wir, wo können wir etwas verändern? Genauso können Sie Ihre Qualität steigern. Hier die fünf Arbeitsschritte der Madonna-Methode:

1. Das Vorbild. Suchen Sie sich für Ihr persönliches Benchmarking eine Person, die Sie bewundern, verehren oder einfach Klasse finden. Es kann sich um einen Menschen aus der Öffentlichkeit handeln (lebende oder geschichtliche): Madonna oder Ministerin Renate Künast, Harald Schmidt oder Sophie Scholl, Iris Berben oder Regine Hildebrandt ... Die Person kann aber auch eine rein literarische sein: Der kleine Prinz, Bridget Jones, Superman, Siddharha, Ally McBeal, Lara Croft (oder Tic,Tric und Trac, hihi ...?). Ein weiteres Suchfeld: Gibt es Freund/-innen, Verwandte, Chefs/Chefinnen oder Lehrer/-innen, die Ihnen imponieren oder früher imponiert haben? Notieren Sie den Namen auf einem großen Blatt Papier.

2. Die Positiv-Liste. Schreiben Sie jetzt alle positiven Merkmale auf, die Sie an dieser Person schätzen, beispielsweise: Sie ist sehr mutig – Sie lebt ihr Leben – Sie ist schlagfertig – Sie singt super – Sie ist immer fröhlich – Sie ist warmherzig – Sie war immer gerecht – Sie hat so einen herrlichen Humor –

Sie vertritt einen klaren Standpunkt ... Versuchen Sie, mindestens fünf positive Eigenschaften zusammenzustellen. Lassen Sie hinter jedem Punkt Platz für weitere Notizen.

3. Abgucken. Jetzt schreiben Sie zu jeder Eigenschaft dazu, was Sie tun können, um selbst diese positiven Merkmale zu verstärken. Überlegen Sie sorgfältig, woran es hapert, was sich verändern muss, dass Sie mehr von dieser positiven Eigenschaft bekommen. Das könnte zum Beispiel so aussehen: Ich werde öfter sagen, was ich will. Ich werde in einen Chor gehen. Ich werde versuchen, mutiger meinen Standpunkt zu vertreten. Ich werde mir Verbündete suchen. Ich werde mich trauen, öfter Nein zu sagen. Ich werde nicht mehr alles so schrecklich persönlich nehmen ...

4. Umsetzung. Die Erkenntnis ist der erste Schritt, jetzt geht es an die Umsetzung. Erstellen Sie als Nächstes auf einem anderen Blatt eine To-do-Liste, auf der Sie sich erste kleine Schritte der Veränderung aufschreiben, beispielsweise: Ich werde in der nächsten Woche mit meinem Chef über einen neuen Bürostuhl sprechen. Ich werde meiner Freundin sagen, was mich schon lange stört. Ich werde mich bis Donnerstag erkundigen, welche Möglichkeiten es für ... gibt. Fügen Sie Deadlines hinzu – bis wann wollen Sie was erledigt haben? Die Erfahrung zeigt: Nur wenn wir uns klare Termine setzen, fühlen wir uns auch verpflichtet, es wirklich zu tun.

> **Aus der Erfahrung vieler Einzelcoachings weiß ich: Sie haben bereits viel von dem Menschen, den Sie bewundern. Weil Sie verwandte Seiten erkennen, mögen Sie diese Person.**

5. Controlling. Schauen Sie nach vier oder acht Wochen nach, was sich verändert hat, was Sie umgesetzt haben und ob Sie Fortschritte gemacht haben. Falls gar nichts in Gang gekommen ist, horchen Sie noch einmal in sich: Was hält Sie davon ab, etwas zu verändern? Welche Ängste hemmen Sie? Sind es reale oder fiktive? Was kann schlimmstenfalls passieren, wenn Sie Veränderungen wagen? Und was wäre der Gewinn für Sie? Sind Sie bereit, den Preis zu zahlen für den zu erwartenden Benefit? Falls Sie erste Erfolge zu verzeichnen haben: Belohnen Sie sich. Und beschließen Sie die nächsten Schritte.

Übrigens: Aus der Erfahrung vieler Einzelcoachings weiß ich: Sie haben bereits viel von dem Menschen, den Sie bewundern. Denn nur weil Sie verwandte Seiten erkennen, mögen Sie diese Person. Wirklich: Es gibt mehr Parallelen als Unterschiede mit Ihrem „Idol". Also ran ans Feintuning! Viel Erfolg!

P. S. Mich würde interessieren, welche Menschen Sie bewundern. Schicken Sie mir doch eine kurze Mail mit ein paar Pluspunkten an *sasgodom@asgodom.de*

Kleider machen Top-Assistentinnen

Gerade bekam ich eine gute Nachricht: Eine Klientin von mir hat ihren Traumjob gefunden. Im Seminar war sie mir durch ihre enorme Fachkompetenz aufgefallen – aber auch dadurch, dass sie sich äußerlich total unter Wert verkaufte: Sie wirkte blass und unsicher, trug unvorteilhafte Kleidung und eine Klein-Mädchen-Frisur. Wir arbeiteten an ihrem Selbstbewusstsein, und als Ergänzung empfahl ich ihr eine Image-Beratung bei einer Freundin von mir. Und ebendiese Freundin mailte mir vorhin: „Frau G. hat unter 100 Bewerberinnen das Rennen gemacht! Strahlend und kompetent habe sie gewirkt, mit neuem Haarschnitt und schickem Outfit."

Ich zitiere gern die Studie des amerikanischen Professors Mehrabian, der untersucht hat, wodurch der Mensch wirkt: 7 Prozent mache der Inhalt dessen aus, was wir sagen, 38 Prozent die Stimme und der Tonfall – und satte 55 Prozent das Aussehen und die Körpersprache! Das können wir als ungerecht empfinden, wissen sollten wir es! Menschen nehmen so wahr: ein Blick, Schublade auf, Gegenüber rein! Das geht allen so, auch Ihnen in Ihrem Beruf.

In den letzten Jahren habe ich auf Kongressen und Seminaren tausende von Sekretärinnen und Assistentinnen gesehen und glaube, dass man sie grob in fünf Stil-Typen einteilen kann:

1. Die Strenge. Sie bevorzugt klassisch geschnittene Kostüme oder dezente Hosenanzüge in Dunkelblau oder Beige. Dazu trägt sie gepflegte mittelhohe Pumps. Nie wird man eine Nachlässigkeit an ihr entdecken. Ihr Haar ist akkurat geschnitten, mit geradem Scheitel oder zum Knoten aufgesteckt. Sie trägt nur dezentes Make-up und kaum Schmuck. Ihre Pluspunkte: Sie wird als absolute Autorität anerkannt. An ihr kommt kein Kollege vorbei. Chefs/Chefinnen schätzen sie als zuverlässig und unbestechlich. Das Klischee: Ihre vermeintliche Perfektion macht sie unnahbar. Deshalb hat sie unter Kolleginnen wenig Freundinnen. Bei den Chefs gilt sie als höchst belastbar. Und bekommt dadurch nicht immer die Unterstützung, die sie bräuchte.

2. Die Bauchfreie. Sie ist meist zwischen 20 und 30, trägt auch im Büro Jeans mit einem kurzen Top, das manchmal sogar ein Bauchnabelpiercing herausblitzen lässt. Sie liebt Spaghettiträger und Plateauschuhe. Die Haare sind oft lang und voluminös. Insgesamt wirkt sie strahlend und lebensfroh. Ihre Pluspunkte: Im Unternehmen ist sie äußerst beliebt, gilt unter Kollegen als „guter Kumpel". Ihr Chef mag ihre flotte Art. Das Klischee: Das legere Äußere verdeckt etwas ihre Professionalität. Sie signalisiert: Ich will vor allem Spaß! Man traut ihr deshalb oft weniger zu als sie kann. Zur Autorität der Office Managerin fehlt ihr ein Schuss Business-Look.

3. Die Unsichtbare. Sie trägt am liebsten bequeme Kleidung, Rock und Pulli oder eine brave Bluse. Sie mag sich nicht schminken und auch der Haarschnitt muss vor allem praktisch sein. Sie wirkt etwas glanzlos und wird schon mal übersehen. Ihre Pluspunkte: Sie fügt sich gut in jedes Team ein, hat wenig Neider oder gar Feinde. Ihre Vorgesetzten schätzen sie für ihre positive Arbeitseinstellung und dass sie so gar nicht zickig ist. Das Klischee: Ihr Äußeres signalisiert, nehmt mich bloß nicht so wichtig, ich tue es auch nicht. Und von ihr hört man schon mal den Satz: „Ich bin hier ja nur die Sekretärin ..." Und genauso wird sie von den anderen behandelt.

Ärgern Sie Klischees? Es gibt zwei Möglichkeiten, damit umzugehen: Es ist uns einfach „wurscht" und wir stehen zu unserem Stil. Oder wir stellen uns kritisch vor den Spiegel und überlegen, was wir verändern können.

---

4. Die Überladene. An ihr fallen zuerst die langen, gepflegten (roten) Fingernägel auf und die Mühe, die sie sich mit ihrem aufgetürmten Haar macht. Sie trägt gern farbenfrohe Kostüme, seidige Strümpfe, hohe Pumps und viel Schmuck. Zum Tüchlein gibt's das passende Täschchen. Ihr Pluspunkt: Sie wirkt äußerst repräsentativ und führt ihr Vorzimmer auf höchstem Niveau. Im Umgang mit Kunden ist sie ein Profi. Das Klischee: Das Äußere überstrahlt manchmal ihre Fachkompetenz. Ihren Fingernägeln möchte man keine „niederen" Arbeiten zumuten, und in Krisensituationen macht sie sich vielleicht mehr Sorgen um ihre Frisur denn um die Firma. Sie muss aufpassen, dass sie nicht unter „oberflächlich" abgehakt wird.

5. Die Mutter der Kompanie. Sie trägt unauffällige, aber hochwertige Kleidung. Legt mit ihren „40 plus" aber lange nicht mehr so viel Wert auf ihr Äußeres wie früher. Ihr Haar trägt sie praktisch kurz geschnitten und ver-

birgt die ersten grauen Strähnen nicht. Ihre Pluspunkte: Jeder in der Abteilung, vom Chef bis zur Azubi, vertraut ihr bedingungslos. Sie signalisiert Wärme und Verantwortung. Das Klischee: Sie hat für jeden ein offenes Ohr, und immer Kleenex oder Hustenbonbons in der Schublade. Sie ist der gute Geist der Abteilung, manche sagt sogar von sich selbst: Sie gehöre zum Inventar. Leider wird sie dann auch so behandelt.

Haben Sie sich selbst wiedererkannt oder eine Kollegin? Ärgern Sie die Klischees? Es gibt zwei Möglichkeiten, wie wir damit umgehen können: Es ist uns einfach „wurscht" und wir stehen zu unserem eigenen Stil. Oder wir stellen uns einmal kritisch vor den Spiegel und überlegen, was wir verändern könnten. Damit wir noch mehr Kompetenz ausstrahlen.

Ich weiß es von mir selbst: Wenn ich ungeschminkt und in einem Strickpulli mit buntem Flattertuch zum Vortrag auf eine Bühne trete, werde ich anders eingeschätzt als im schwarzen Hosenanzug mit einem raffinierten Make-up. Das Schöne ist: Auch wenn ich das weiß, entscheide ich trotzdem autonom. Wenn ich Paradiesvogel sein möchte, dann bin ich bunt. Will ich klassisch, mach ich klassisch. Nur über die Wirkung muss ich mir bewusst sein! Denn „Wir können nicht nicht wirken" hat mal ein schlauer Mensch gesagt. Wie wahr.

Ein kleiner Übungskurs in Toleranz

Ach, die Indianer, die haben ja auch für jede Lebenslage einen Spruch (wie die Chinesen)! Und in jedem Buch, jedem Vortrag müssen sie für die relevanten Lebensweisheiten herhalten. Habe ich doch gerade wieder einmal gelesen: „Gehe zuerst drei Monde in den Mokassins eines anderen, bevor du über ihn urteilst. Indianisches Sprichwort." Ach, gähn, dachte ich erst. Klaro.

Überlegte dann aber: Na, ja, ist doch aber auch wieder wahr. Wie schnell sind wir bei der Hand mit Urteilen wie: „Arrogante Schnepfe, alter Depp, alles Idioten". Wir urteilen in Sekundenschnelle. Und es ist ungeheuer schwer für die anderen, aus unserer Schublade wieder herauszukommen. Und mir fiel in diesem Zusammenhang ein anderes Zitat ein: „Das Sein bestimmt das Bewusstsein", hat wohl der olle Karl Marx gesagt. Heißt: Unsere Lebensumstände bestimmen unsere Wahrnehmung und unsere Wertung. Das führt beispielsweise dazu, dass jemand, der sein halbes Leben lang für soziale Gerechtigkeit gestritten hat, auch plötzlich über hohe Steuern flucht, wenn er beim Spitzensteuersatz angelangt ist.

Allerdings: Drei Monate in den Mokassins eines anderen – verdammt lange Zeit, um sich in Toleranz zu üben. Und ob unseren Chefs und Chefinnen das recht wäre, wenn sie drei Monate lang im Gegenzug unsern Job übernehmen müssten? Ich überlegte, ob es nicht auch einen Schnellkurs in Sachen Verstehen und Toleranz gäbe. Und mir fielen ein paar ganz einfache Übungen aus dem täglichen Zusammenleben ein. Zum Beispiel beim Autofahren.

Die erste Übung in Sachen Toleranz: Die Fahrerin eines superschnellen Flitzers leiht sich von einer Freundin für ein Wochenende einen älteren Kleinwagen aus und erkennt auf einer Autobahnfahrt, wie schwer es ist, damit ein dahinschleichendes Camping-Gespann zu überholen – vor allem wenn man einen Linke-Spur-Lichthupen-orgel-dicht-auffahr-BMW-Mercedes-Golf-GTI hinter sich hat.

Toleranz-Übung zwei: Die Besitzerin eines älteren Kleinwagens leiht sich ihrerseits von einer Freundin einen PS-starken Flitzer aus (bedarf vielleicht ein

114 November 2002

bisschen mehr Überredungskraft) und erlebt auf der Autobahn, wie hart man bei Tempo 200 bremsen muss, wenn vor einem plötzlich ein Kleinwagen mit müden 130 nach links ausschert – nach dem Motto: „Ich habe ein Recht, hier am Berg zu überholen ..."

Ich erlebe diese Umkehr-Situationen immer wieder mal, wenn ich in einer Woche mit meinem Polo und in der nächsten mit einem Leih-Mercedes unterwegs bin. Und ich kann diesen zeitweiligen Rollentausch nur empfehlen. Er führt aus dieser Ich-bin-aber-im-Recht-Stimmung heraus, die uns zur Rücksichtslosigkeit verführen kann.

Toleranz-Übung drei: Manche Menschen schaffen es, sich aus der Erinnerung heraus in die Rolle anderer zu versetzen. So verriet mir eine Freundin, warum sie viel Verständnis mit schlecht gelaunten Verkäuferinnen oder anderen Dienstleistern hat. Sie selbst hat als Studentin nebenher in einer Wäscherei gejobbt: Der Chef war ständig betrunken, es gab wenig Geld, und die Luft war ätzend.

Wenn sie heute unfreundlichem Personal begegnet, überlegt sie sich, wie es ihr erginge, wenn sie 220 Tage im Jahr, vierzig Jahre lang diesen Job machen würde. Und sie schickt ihrerseits ein paar freundliche Worte über den Ladentisch, auch wenn auf der anderen Seite kein Charmebolzen steht: „Ganz oft ernte ich dann doch noch ein Lächeln oder eine freundliche Bemerkung. Und gehe fröhlich hinaus."

Empathie heißt die Gabe des Sich-hineinversetzen-Könnens. Sie erleichtert nicht nur den Umgang mit anderen, sondern verringert auch den Stress.

Auch hier eine Vice-versa-Erfahrung: Eine frustrierte Schuhverkäuferin könnte sich verinnerlichen, wie wertvoll diese Kundin für ihr Leben ist, auch wenn sie ihretwegen noch einmal ins Lager gehen muss – diese Kundin (und mit ihr all die anderen lästigen Menschen, die nur alle was wollen), zahlt schließlich ihr Gehalt. Keine Kunden, kein Job, kein Geld! Sie könnte sich ihren Tag versüßen, indem sie ab und zu lächelnd ein stilles Mantra wiederholt: „Danke, Kunden, dass ich euch dienen darf."

Toleranz-Übung vier: Kaufen Sie sich fürs Wochenende doch mal wieder so einen richtig schönen Frauen-Roman, etwa von Marian Keyes (ich liebe alle ihre Bücher), und setzen Sie sich zum Lesen hin. Plötzlich werden Sie merken, wie unglaublich lästig es ist, dass Ihre Kinder etwas zum Essen oder Ihr Mann mit Ihnen spazieren gehen möchte. Und ich höre Sie schon sagen: „Könnt Ihr mich nicht einfach in Ruhe lassen?" Ich erinnere mich sehr gut an meine Kindheit: Neben mir hätte die Welt untergehen können, und ich hätte mir nur den Staub von der Brille gewischt, während ich ein spannendes Buch las.

Ich beobachte häufig, dass Menschen offensichtlich die Gabe, sich zu erinnern, verloren haben ... (übrigens: Männer häufiger als Frauen). Wenn wir diese Erinnerung wieder pflegen und polieren, wird es uns leichter fallen, uns in andere Menschen hineinzuversetzen. Empathie nennen Fachleute diese Gabe des Sich-hineinversetzen-Könnens. Das Schöne an dieser Fähigkeit: Sie erleichtert mir nicht nur den Umgang mit anderen, sondern sie verringert auch den täglichen Stress und schenkt mir selbst inneren Frieden. Und das wussten schon die alten Indianer. Hugh!

Haben Sie dieses Jahr schon entrümpelt?

„Wegwerfen, wegwerfen ..." Mit einem Aufstöhnen schreckte ich neulich aus einem Alptraum auf. Gerade hatte ich (im Traum) meinen Computer aus dem Fenster geworfen und irre hinterher gegröhlt: „Dich sehe ich nie wieder!" Vom Aufklatschen auf der Straße war ich dann wach geworden. Mich hat das Wegwerffieber gepackt. Angesteckt von Bestsellern über Entrümpeln, Aufräumen und andere Grundsätze des leichten Lebens, habe ich mich ans Werk gemacht. Was nicht niet- und nagelfest ist, fliegt in blaue Müllsäcke, Wertstoff-Kartons oder in den virtuellen Papierkorb. „Brauch ich nicht mehr, habe ich seit drei Jahren nicht mehr benutzt, wo ist eigentlich der zweite?" Und ich genieße es!
Wann habe ich das letzte Mal zwei leere Schubladen gehabt? Freie Bügel? Platz im Alibert und auf der Festplatte? Wann habe ich das letzte Mal die Arbeitsfläche meines Schreibtischs gesehen? Und das Gesicht von Frau Jonza? (Nein! Nur Spaß!!! So hoch waren die Berge auf meinem Tisch ja nun auch nicht!)

Aufräumen ist etwas Herrliches. Sich von Ballast befreien, Raum für Neues schaffen, sich ganz hingeben im Hier und Jetzt. Meine Reinigungsfrau hat leider überhaupt kein Verständnis für spirituelle Werte. Sie fordert nur die finanzielle Übernahme ihrer Rückenmassagen, weil sie so oft über die Hintertreppe zu den Mülltonnen hecheln muss. Ja, soll ich hecheln? Ich habe ja gar keine Zeit. Ich muss ja wegwerfen, wegwerfen ...

Oder meditierend für innere Ordnung sorgen. Auch meine Gehirnwindungen müssen geputzt werden, das Jahr währt nicht mehr lang. Raus mit bösen Gedanken. Raus mit Neid, Eifersucht und Habgier. Raus mit Ärger und Übelnehmen. Raus mit Jammern und Zagen. Raus mit Scham und Minderwertigkeitsgefühlen. Macht's Platz! Schleicht's euch!

Statt mit Frosch und Meister Propper arbeite ich spirituell mit der Kraft des Verzeihens: Ich verzeihe dir, du Bundesregierung, grummel, dass du (nachdem

Dezember 2002 117

ich Depp dir auch noch geholfen habe) mir jetzt noch mehr Steuern aus der Tasche ziehen willst, würg. Ich verzeihe dir, Dieter Bohlen, kleb, dass du mit deinem Schwachkopfbuch mehr Auflage machst als ich mit meinem besten Bestseller, Augen verdreh. (Darf man Schwachkopfbuch eigentlich sagen oder ist das eine Beleidigung? Also, wenn es eine Beleidigung sein sollte, dann bitte ich um Verzeihung.)

Ich werde nie mehr auf euch eifersüchtig sein, Größe 34-tragende, blonde, langmähnige 24-Jährige, mit BWL-Studium und eigenem Audi TT und den Blick aller knackigen Enddreißiger auf eurem Po ... auf eurer positiven Ausstrahlung, wollte ich sagen ... Ach, was ist Jugend, was ist Schönheit, was Intelligenz?! Die inneren Werte zählen, das weiß doch jeder. (War diese Falte immer schon da neben meiner rechten Augenbraue?)

Ich mache mich frei von Gefühlen der Habgier und der blanken Wut: T-Online, ihr Geldverbrenner mit jeder Menge Nullnummern. Du gelbe Post, mit nichts im Sack (Faust, entspanne dich). Doch, ich verzeihe auch euch. Trotz allem, was ihr meinem armen, kleinen Aktiendepot angetan habt. (Die schwindsüchtige Operetten-Mimi „Wie eiskalt ist dein Händchen ..." ist nichts dagegen!)

Und dir, Bankfilialleiterin, mir seit Jahren bekannte, die du mir mit dem unschuldigsten Augenaufschlag der Welt diesen Schrott zum Höchststand verkauft hast, dir verzeihe ich auch. Ich weiß, du bist mit deiner Bank geschlagen genug. Mein Hirn wird leerer und leerer ...

Aufräumen ist etwas Herrliches. Sich von Ballast befreien, Raum für Neues schaffen, sich ganz hingeben im Hier und Jetzt.

Ich verabschiede mich von dem ewigen Gejammer über frauenfeindliche Unternehmen, in denen es für alles Weibliche im Management heißt: „Wir müssen draußen bleiben!" Und ich glaube endlich, wie gut es die Männer mit uns meinen, wenn sie uns ihr schreckliches Leben ersparen wollen. Ich entwickle Mitleid mit allen, die ihre Gesundheit riskieren, ihre Ehe, die Liebe ihrer Kinder und den einzigen Kumpel, nur um einmal mit Bill Gates eine Runde Golf spielen zu dürfen (spielt der eigentlich Golf, und wenn ja, auch in freier Natur?). Das Motto heißt: Entrümpeln statt entrüsten!

Ich werfe alles weit weg von mir, „ich bin klein, mein Herz ist rein", und warte auf das Neue. Schlag zwölf an Silvester werde ich bereit sein für Sensationen,

Emotionen, Preziosen (auch wenn's holpert). Spätestens am 3. Januar werde ich dann auch mal wieder Einkaufen gehen. Platz habe ich ja jetzt genug. Und was hilft das schönste Wegwerfen, wenn man es nicht zwölf Monate später wiederholen kann?

P. S.: Gerade habe ich den blauen Stein in meiner Handtasche gefunden, der mir vor drei Wochen in einem dunklen Taxi aus meinem hübschen Ring gefallen war. Den hatte ich mir mal in Marbella gekauft. Und diesen Ring, Atem anhalt, den habe ich doch, Kopf schüttel, letzte Woche weggeworfen. Ich – schluck – habe – seufz – ihn – stöhn – weggeworfen! Weil ich doch jetzt eine Entrümplerin bin, aufjaul. Und ich dachte, schnief, dass ich nie wieder so einen blauen Stein finden werde, auch wenn er nur aus Glas war, der da hineinpasst, oh Gott! Und man soll doch alten Schrott nicht aufheben, heul, mein schöner Ring ist für immer weg, weg (auf den Boden schmeiß)! Aber sonst, wirklich, sonst ist Wegwerfen, ganz, ganz toll. Mama!!!!

Das Motto heißt: Entrümpeln statt entrüsten!

Taxifahren in Deutschland, ein Abenteuer

Es ist halb sechs. Draußen ist es noch stockdunkel. Ich habe um neun einen Termin in Düsseldorf. Ich wanke im Halbschlaf nach unten. Mein Taxi wartet schon. Ein kurzes Kopfnicken, ich lasse mich auf den Beifahrersitz fallen: „Zum Flughafen bitte". Noch 20 Minuten weiterschlafen, denke ich. Von wegen! Ich habe es mit einem Plaudertäschchen am Steuer zu tun. Hat die halbe Nacht allein am Standplatz gestanden und freut sich über menschliche Begleitung. Ich möchte ihn am liebsten mit dem Sicherheitsgurt strangulieren.

Ach, Taxifahrer, sie sind meine Freunde der Nacht und des Tages. Ich brauche sie, ich mag sie und ich leide an ihnen. Ich bin Weltmeisterin im Taxifahren, da ich bewusst kein Auto besitze und viel mit Flug und Bahn unterwegs bin. Und ich treibe meine Studien an ihnen. Es gibt die Stummen und die Redner, die Sympathischen und die Transpirierenden, die Sanften und die Wahnsinnigen. Wer denkt da: Ja, wie im richtigen Leben halt? Stimmt. Dabei gibt es durchaus regionale Unterschiede, habe ich festgestellt.

Die Hamburger Taxifahrer sind eher die Philosophen, mit ihnen unterhalte ich mich am liebsten. Von wegen die Kühlen aus dem Norden! Signalisiert man Gesprächsbereitschaft, sind sie gerne bereit, sich auf eine lockere Plauderei einzulassen. Viele Aussteiger sind unter den Fahrern. Wie der ehemalige Schreiner, um die 30, blond gelockt, den ich einmal auf der Fahrt von Fuhlsbüttel zum Jungfernstieg kennen lernte, der vier Monate arbeitet, um sich anschließend drei Monate Auszeit zu gönnen, in denen er am liebsten nach Griechenland fährt. Oder der Rastaman aus Jamaika, mit gehäkelter bunter Mütze, der das Fahren nicht nur als Existenzsicherung, sondern auch als aktive Meditation ansieht, um über Gott und die Welt nachzudenken. Die Gespräche mit den Hamburgern sind interessant, amüsant und meistens eine Bereicherung. Gerne verabrede ich mich mit ihnen auch für die Rückfahrt, um das heitere Philosophieren fortzusetzen.

Die Münchner Taxler dagegen – ich habe mir abgewöhnt, mich mit ihnen zu unterhalten. Der Münchner an sich ist ja als Grantler bekannt, also als jemand, der gerne meckert. Münchner Taxifahrer sind Meister darin. Ich habe gelernt: Rede mit einem Münchner Droschkenkutscher niemals über Politik, wenn du deine gute Laune nicht verlieren willst! Nach seiner Meinung sind alle Politiker, egal ob kommunal oder im Bund, üble Verbrecher, alle sind korrupt und sollten sofort abgesetzt werden. Ihre Lieblingsfeindin: Die Münchener Stadtbaurätin, der wünschen sie wegen jeder Baustelle oder roten Ampel die Pest an den Hals. Für meine Flughafenfahrten buche ich inzwischen einen ganz bestimmten Fahrer, einen „abgebrochenen" Jurastudenten in den Vierzigern, der freundlich und intelligent schweigen kann.

Immer zu einem fröhlichen Schwatz aufgelegt sind die Fahrer, die mich in Köln-Bonn auflesen. Vor allem die Kölner Funk-Mariechen sind nicht zu stoppen. Anfangs machte ich noch den Fehler, mich auf den Rücksitz zu setzen. Und starb während der Fahrt tausend Ängste, da die temperamentvollen Fahrer ihren Gast bei ihren fröhlichen Erzählungen gerne anschauen. Und zwar nicht im Spiegel, sondern mit nach hinten gedrehtem Kopf und lebhafter Gestikulation. Während ich wie gelähmt auf die Rücklichter der vorausfahrenden Autos starre, den Mund zum Schrei geöffnet, parliert der Kölner ganz locker weiter: „Und mein Schwager, der Heinz, der hat dann auch gesagt ..." Inzwischen setze ich mich schon neben sie, damit sie während ihrer Erzählungen nur noch eine Vierteldrehung machen müssen und mit einem Auge ganz nebenbei die Verkehrssituation beobachten können.

Ach, Taxifahrer, sie sind meine Freunde der Nacht und des Tages. Ich brauche sie, ich leide manchmal an ihnen, doch ich mag sie.

Die Frankfurter Taxichauffeure zeichnen sich eher durch ihre rasante Fahrweise aus denn durch geistreiches Kommunikationsverhalten. Gib einen kurzen Hinweis, dass du es eilig hast, und der Weg vom Flughafen in die Stadt wird zur Rennbahn. Dem Fahrgast bleibt kaum Zeit, die Sechziger-Schilder zu lesen, an denen sie mit 120 vorbeibrausen. Staus sind für sie Herausforderungen, die man entweder im Zickzackmuster durchpflügt oder großzügig, aber zügig umfährt. Wenn ich aus einem solchen Frankfurter Geschoss aussteige, bin ich meist totenblass und schweißgebadet – aber pünktlich.

In Berlin bin ich zufällig schon drei Mal mit demselben türkischen Taxifahrer gefahren, und wir kennen unserer beider Lebensgeschichten bereits bis ins Detail. Es hat keine Minute gedauert, bis wir im Gespräch waren, redeten über unsere Kinder, unsere Urlaubserfahrungen, unsere Berufe, einfach alles. Und als ich das letzte Mal in Tegel bei ihm einstieg, war seine erste Frage nach einem kurzen Blick: „Und wie war der Umzug?"

Der Berliner an sich hat ja einen ganz besonderen Humor. Das gilt auch für die dortigen Taxifahrer. Während in Düsseldorf oder in München oft ein unfreundliches Knurren zu vernehmen ist, wenn ich ein Fahrtziel angebe, das nicht über 10 Euro liegt, gehen die Berliner Droschkenkutscher wesentlich entspannter mit Kurzfahrern um. Als ich einmal mit meiner Mutter dort war, wollten wir nur ein Stück vom Hotel ins Theater fahren, weil meine Mutter schlecht laufen konnte. Als wir einstiegen und ich das Fahrtziel nannte, das tatsächlich nur „um die Ecke" lag, verzog der Fahrer keine Miene und sagte ganz trocken: „Mann, jut, dass ick jerade noch jetankt habe!" Klasse!

Her mit den herrlichen Herausforderungen!

„Um Mitarbeiterinnen zu motivieren, brauchst du ihnen nicht mehr Geld zu geben. Nein, mehr Arbeit macht sie glücklich!" Gemeine Unterstellung? Nein, eigene Erfahrung und scharfe Beobachtung. Wir Frauen ticken nicht richtig, ich sage es Ihnen. Man braucht uns nur schön zu tun: „Ach, Frau Müller, Sie machen das immer so toll, möchten Sie nicht auch dieses Jahr wieder den Betriebsausflug organisieren?" – „Liebe Frau Maier, Sie wissen doch, dass wir derzeit die eine Stelle nicht besetzen können. Macht es Ihnen etwas aus, kurzfristig die Aufgaben mit zu erledigen?" Statt eines wütenden Protests bekommen die Frager meistens ein strahlendes Lächeln zurück: „Aber gerne." Wir fühlen uns geehrt, wert geschätzt, wirklich wichtig. Ohne uns geht's eben nicht.

Und wir schuften und machen neben unserer Arbeit noch all die anderen Sachen mit. Wir strengen uns eben noch ein bisschen mehr an, reden weniger mit anderen, ist alles eine Frage der Organisation ... Nicht, dass Sie denken, dass ich etwas gegen Herausforderungen habe. Natürlich gibt es schöne Herausforderungen, die wir nicht ablehnen sollten. Ich möchte Ihnen nur einige Überlegungen auf dem Weg zur „Mitarbeiterin des Jahres" mitgeben.

1. Bringt die Aufgabe Renommee? Überlegen Sie sich kurz, bevor Sie fröhlich „Aber gerne" rufen, was Sie davon haben, sich noch mehr Arbeit aufzuhalsen. Sind Sie unterbeschäftigt? Na, dann her damit. Vielleicht sichern Sie damit Ihren Arbeitsplatz. Können Sie sich mit der Zusatzarbeit einen Namen machen? Dann ist es gut für Ihr Image in der Firma. Ist die Mehrarbeit mit einer Gehaltserhöhung verbunden? Die kann man brauchen. Haben Sie nichts von alledem? Geht es nur darum, Ihren Vorgesetzten „einen Gefallen zu tun"? Warum sollten Sie? Oder steht die Angst vorm Nein-Sagen dazwischen? Dann sollten Sie noch einmal darüber nachdenken.

2. Erhöht die Aufgabe Kompetenzen? Manche Aufgaben reizen uns einfach, weil wir Dinge tun dürfen, die bisher nicht zu unserem Gebiet gehört ha-

Februar 2003 123

ben. Wenn Sie eine Aufgabe übernehmen können, die Ihren Erfahrungshorizont weitet, trauen Sie sich. Hüten Sie sich aber vor der Überforderungsfalle. Nehmen Sie sich zu Beginn etwas Zeit, die Mehrbelastung einzuschätzen und machen Sie ein Konzept, welche Routine-Arbeiten Sie loswerden können. Nach dem Motto: „Ich bin gerne bereit, die Aufgabe zu übernehmen. Ich habe ausgerechnet, dass sie zirka 30 Prozent mehr Arbeit bedeutet, und da ich auch jetzt schon ausgelastet bin, geht es nur, wenn ich dies oder jenes dafür abgeben kann."

3. Bekomme ich Unterstützung? Achten Sie vor dem Ja-Sagen darauf, ob Sie auch die nötigen Ressourcen für die zusätzlichen Aufgaben bereitgestellt bekommen. Wissen die, die Ihnen zuarbeiten oder Sie unterstützen sollen, von der Regelung? Stehen Ihnen Datenbanken, Unterlagen etc. zur Verfügung? Haben Sie die materielle Ausstattung für die neue Aufgabe? Haben Ihre Vorgesetzten Ihnen offiziell die Kompetenz für die neue Aufgabe übertragen, wissen die Kollegen Bescheid? Ist sichergestellt, dass Sie bei allen Konferenzen, die Ihr Thema betreffen, dabei sind? Wenn wir blauäugig uns schwierige Zusatzarbeiten aufhalsen lassen, ohne die nötige Unterstützung, können wir nur Schiffbruch erleiden. Je klarer Sie Ihre Forderungen zu Anfang stellen, umso weniger Stress gibt es später – Klarheit schafft Harmonie.

Frauen, sucht euch Herausforderungen, lebt eure Talente, überrascht die anderen mit eurem Können! Aber passt auf, dass ihr nicht in die Nettigkeitsfalle tappt!

---

4. Ist die Belastung zeitlich absehbar? Erst kürzlich traf ich in einem Seminar eine Assistentin, die seit einem Jahr die Arbeit von zweien macht. Eine Kollegin ging, sie war bereit, vorübergehend die Aufgabe der anderen mitzumachen, und wird seitdem monatlich vertröstet: „Es gibt noch keine Lösung. Sie müssen bitte noch ein bisschen weitermachen." Inzwischen herrscht Einstellungsstopp. Manchmal ist es ein Fluch, dass Frauen so verdammt tüchtig sind. Natürlich bemüht sich auch diese ordentliche Frau, alle Aufgaben zu erledigen, nichts liegen zu lassen. Ihre Arbeitszeit liegt zwischen 12 und 14 Stunden. Und während des Seminars wurde klar, wie fertig sie inzwischen ist. „Aber was soll ich denn tun?" war ihre verzweifelte Frage. Mit Hilfe der anderen Teilnehmerinnen stellten wir die Alternativen zusammen:

– Laut sagen, dass es zu viel ist. Und ein Limit setzen, bis wann sich etwas geändert haben muss. Alle waren sich einig: Solange sie die Arbeiten

macht, sehen die Vorgesetzten sich nicht gezwungen, wirklich Entlastung zu schaffen.
- Aufgaben zurückgeben, die von anderen erledigt werden könnten. So müssen ab sofort alle in der Abteilung ihre Reisekostenabrechnungen selbst machen. Wir fanden sechs, sieben Tätigkeiten, die sie problemlos abgeben könnte, was ihr Erleichterung verschaffen könnte.
- Eine tüchtige Gehaltserhöhung verlangen. Wer für zwei schafft, sollte auch besser bezahlt werden. Auch wenn das ihre Überlastung nicht stoppt, so hat sie wenigstens die materielle Anerkennung.
- Eine Möglichkeit wäre, den Betriebsrat zu informieren. Der wird sehr schnell dafür sorgen, dass die gesetzlich geregelte Höchstarbeitszeit von 10 Stunden pro Tag eingehalten werden muss.
- Wenn alles nichts hilft, das Unternehmen auf Sklavenarbeit und Ausbeutung besteht, sollte sie sich nach einer anderen Stelle umsehen. Und ihr Leben retten. Als wir zu diesem Punkt kamen, erzählte die Teilnehmerin stockend, dass sie bereits einen Zusammenbruch hatte. „Aber es geht schon wieder ..." „Und irgendwann bekommst du vom Unternehmen einen Blechkranz auf dein Grab, damit du hörst, wenn's regnet ...", bemerkte eine andere dazu nur trocken.

Frauen, sucht euch Herausforderungen, lebt eure Talente, überrascht die anderen mit eurem Können! Aber passt auf, dass ihr nicht in die Nettigkeitsfalle tappt! Ich habe es mehr als einmal erlebt, dass für eine Stelle, die eine Frau verließ, zwei Männer eingestellt wurden, weil man plötzlich feststellte: Das kann doch einer allein gar nicht schaffen! Ein zweifelhafter Ruhm!

Schluss mit dem ewigen Gejammere

Können Sie auch dieses ewige Gejammere, wie schlecht es uns geht, nicht mehr ertragen? Wo steht das eigentlich geschrieben, dass alles immer weiter wachsen wird, dass wir immer mehr haben werden? Wie sind wir auf die Idee gekommen, dass wir ein Anrecht auf immer mehr Wohlstand haben, dass uns nie mehr etwas Schlimmes (wie der Verzicht auf den Zweit- oder gar Dritturlaub) widerfahren darf? Wie satt sind wir gewesen, dass wir geglaubt haben, wir hier in Mitteleuropa haben einen Freifahrtschein in dieser Welt? Dass nur die anderen auf anderen Kontinenten leiden – Dritte Welt halt. Und mit welcher Naivität wir auf „die da oben" starren, den Staat, die Regierung, die Konzernspitzen, die doch nur was tun müssen, damit es uns wieder besser geht.

Das ist die eine Seite der überzogenen Erwartungen. Auf der anderen Seite stehen die Schwarzmaler, die sich im Elend des Heute wälzen: Es ist alles gaaanz, gaaanz fuuurchtbar! Seltsamerweise sind das selten die, denen die Situation wirklich hart zusetzt: „Freigestellte", sozial schwache Familien in Großstädten, Menschen mit Handikaps. Sondern vor allem die lamentieren, denen es immer noch relativ gut geht: über die Steuern, über die Vorschriften, über den (T)Euro. Dabei sind die Geschäfte voll. Der Lachsumsatz stagniert auf hohem Niveau.

Natürlich kann man bei wachem Verstand viele Fehlentwicklungen bei uns erkennen (von denen die meisten gut profitiert haben in den letzten Jahren). Sicher haben wir in der Vergangenheit über unsere Verhältnisse gelebt. Klar wäre die Politik besser, wenn Sie und ich sie gestalten würden. (Warum tun wir es eigentlich nicht? Kein Job mit hohem Fun-Faktor, stimmt's?). Aber das derzeitige Klagen und Meckern, Ächzen und Ätzen hat sich zu einer Art Volkssport ausgewachsen, lähmt das ganze Land. Angefangen von den Medien, die sich im Elend geradezu wollüstig suhlen, über die „Experten", die den Untergang des Abendlandes an die Wand malen, bis zu denen, die sowieso früher alles besser fanden. Und wir selbst müssen uns verdammt zusammenreißen, um uns nicht anstecken zu lassen, ständig über irgendetwas zu schimpfen – von Währung bis Wetter ...

Um der Schwarzmalerei entgegenzuwirken, hilft es, sich manchmal in Erinnerung zu rufen, wie verdammt gut es uns immer noch geht. Wie glücklich wir uns schätzen dürfen, hier in Mitteleuropa zu leben. Wir sollten jeden Morgen auf Knien danken für unsere Lebensumstände. Hier 20 konkrete Gründe zum Lobpreisen, die für die meisten von uns gelten:

1. Es regnet regelmäßig. Das Land ist fruchtbar. Afrikanische Bauern würden uns auslachen, wenn sie uns über das „schlechte Wetter" schimpfen hörten.

2. Wer krank wird, kann zum Arzt gehen oder wird bei Bedarf im Krankenhaus behandelt – und zwar kostenlos. Das ist nicht mal in den „reichen" USA garantiert.

3. Wer seine Arbeit verliert, ist schlimm dran. Aber die Solidargemeinschaft fängt ihn auf, sorgt für ihn. Seine Existenz ist gesichert. Nicht überall auf der Welt selbstverständlich.

4. Für die Ausbildung unserer Kinder müssen wir uns nicht heillos verschulden, wie in vielen anderen Ländern mit hohem „Schulgeld".

5. Die Infrastruktur ist vorbildlich. Wenn ein Zug um 9.33 Uhr fahren soll, fährt er auch meistens um 9.33 Uhr. So zuverlässig, dass 15 Minuten Verspätung schon wie eine Katastrophe erscheinen, und wir die umweltfreundliche Bahn in Grund und Boden kritisieren.

6. Frauen sind vor dem Gesetz absolut gleichberechtigt. Ihnen stehen alle Berufe und alle politischen Ämter offen. Sie können leben, wie sie es wünschen. Sind von keinem Mann abhängig, wenn sie nicht wollen. Einmalig in der Geschichte.

Das Klagen und Meckern, Ächzen und Ätzen hat sich zu einer Art Volkssport ausgewachsen, lähmt das ganze Land.

---

7. Aus unseren Wasserleitungen kommt sauberes, trinkbares Wasser.

8. Wir können unsere Meinung frei vertreten, sogar den größten Schwachsinn.

9. Wir erleben den Wechsel der Jahreszeiten, genießen Wachstums- und Ruhephasen und können das Wunder der Natur jedes Jahr bestaunen.

10. Wir profitieren von den neuen Medien, sind mit der ganzen Welt verbunden, Menschen jeden Alters können sich beteiligen.

11. Wenn wir einen Stecker in die Steckdose stecken, kommt tatsächlich Strom, Tag und Nacht, zu jeder Jahreszeit.
12. Unsere Kinder können zur Schule gehen – ausnahmslos. Sie sind nicht gezwungen, für ihren Unterhalt zu arbeiten.
13. Wenn wir alt werden, bekommen wir eine Rente. Wenn die nicht reicht, gibt die Solidargemeinschaft (das sind wir Bürger mit unseren Steuergeldern, nicht „der Staat") noch Sozialhilfe dazu.
14. Wir dürfen heiraten wen wir wollen, unverheiratet zusammenleben oder uns schlimmstenfalls scheiden lassen. Niemand wird für sein Lebensmodell diskriminiert.
15. Wir können uns weiterbilden und neue berufliche Weichen stellen.
16. Alleinerziehende mit Kindern und Eltern im Erziehungsurlaub werden von der Gemeinschaft unterstützt.
17. Wir genießen Religionsfreiheit, können auch an gar nichts glauben oder an die Außerirdischen.
18. Wir dürfen wählen und uns auch zur Wahl stellen.
19. Wir dürfen unseren Finger auf Wunden legen und gesellschaftliche Missstände anprangern.
20. Ja, wir dürfen uns sogar engagieren und etwas verändern. Warum tun wir es nur so selten?

Vielleicht, weil jammern leichter ist als sich für Veränderungen einzusetzen. Wir wollen uns lieber nicht „den Mund verbrennen" oder „die Hände schmutzig machen". Wir schüren lieber tüchtig – aus der Distanz. Wir sind ein Volk von Feiglingen geworden. Über das Fehlen von Zivilcourage, mitfühlendem Engagement und dem aufrechten Gang sollten wir klagen – aber uns als Erstes an die eigene Nase fassen! Der Staat – das sind wir.

Netzwerken wie die Profis

Neulich war ich auf einer großen Frauenkonferenz in Berlin. Über 400 Teilnehmerinnen waren dabei, zwei Dutzend Referenten und Referentinnen aus Politik und Wirtschaft. Als ich hinterher, zurück in meinem Büro in München, meinen Aktenkoffer ausräumte, zählte ich insgesamt 42 Visitenkarten, die ich in diesen zwei Tagen eingesammelt hatte. Frau Jonza stöhnte kurz auf, als ich sie ihr hinhielt: „Du bist ja wahnsinnig." Und begann, die Kärtchen einzuordnen. Was ist das Interessanteste an einer großen Konferenz? Fragen Sie doch mal Ihren Chef oder Ihre Chefin: Warum gehen sie zu Kongressen, auf Symposien? Wegen der Vorträge? Na ja, wenn man Glück hat, erfährt man wirklich mal etwas Interessantes. Nein, das Allerwichtigste sind die Kaffee- und Mahlzeitenpausen! Und die Gespräche, die sich währenddessen entwickeln. Das haben viele Frauen noch gar nicht richtig begriffen, ist mir in Berlin wieder einmal klar geworden. Sie sind regelrecht programmfixiert und regen sich in den Pausen auf, dass die Qualität der Beiträge nicht ihren Erwartungen entspricht. Hey, darum geht es doch gar nicht. Konferenzen finden statt, damit Menschen mit ähnlichen Interessen und Hintergründen miteinander ins Gespräch kommen, eben netzwerken. Und damit sie sich treffen, bedarf es eines Anlasses.

Die Wichtigkeit von Kaffeepausen ist inzwischen sogar wissenschaftlich bestätigt worden und hat eine neue Konferenzform kreiert: Open Space. Ein solches Meeting besteht im Prinzip aus einer einzigen langen Kaffeepause, die von den Teilnehmer/-innen kreativ gestaltet wird und in der sie miteinander ins Gespräch kommen.

Zurück zu den ganz normalen Konferenzen, von interessant bis schnarchlangweilig: Ich habe die Erfahrung gemacht, dass es vor allem an uns selbst liegt, wie „erfolgreich" ein Besuch dort ist. Es hängt davon ab, wie gut wir kommunizieren können, wie intensiv wir Kontakte aufbauen oder Erfahrungen aus-

tauschen. Hier meine ganz persönlichen Erfolgsrezepte für das Nutzen von Kongressen.
1. **Gehen Sie möglichst allein.** Dann haben Sie die größten Chancen, neue, interessante Leute kennen zu lernen. Sobald Sie mit der besten Freundin, zwei netten Kolleginnen oder gar dem ganzen Team unterwegs sind, schwinden die Möglichkeiten, neue Kontakte zu schließen, gewaltig. Wenn Sie auf die anderen nicht verzichten können oder wollen, verabreden Sie zumindest, tagsüber getrennt zu agieren.
2. **Stellen Sie sich zu Fremden.** Nehmen Sie Ihre Kaffeetasse und gesellen Sie sich mit einem breiten Lächeln zu einer Gruppe an einem Stehtisch: „Haben Sie noch ein Plätzchen für mich?" Beim Mittagessen an einem langen schmalen Tisch setzen Sie sich möglichst in die Mitte. Dort haben Sie die größten Kommunikationsmöglichkeiten: Mit drei Leuten gegenüber und Ihren Nachbarn links und rechts haben Sie fünf mögliche Gesprächspartner!
3. **Trainieren Sie Small-Talk.** Um mit Menschen ins Gespräch zu kommen, müssen Sie sich nicht über Schopenhauer unterhalten oder die Wirtschaftstheorien von Tom Peters zitieren können. Small-Talk heißt eben nicht, große Reden zu schwingen, sondern kleine freundliche Bemerkungen zu machen, die Türen öffnen. „Waren Sie schon öfter auf diesem Kongress?" – „Wie fanden Sie den Vortrag?". Und wenn Ihnen gar nichts anderes einfällt, reden Sie über das Wetter oder die Anreise: „Hatten Sie heute früh auch so einen furchtbaren Stau?" Dieser erste „Enteisungssatz" dient dazu, das Feld für ein freundliches Gespräch zu bereiten.

Wer nur in einer Ecke steht und kritisch den Event beäugt, wird wenig für sich mitnehmen. Wer aber offen auf andere zugehen kann, profitiert in jedem Fall.

4. **Lernen Sie, Namensschilder zu „scannen".** Bei jeder gut organisierten Konferenz gibt es Namensschilder für die Teilnehmer/-innen. Es ist immer ein guter Gesprächsanfang, wenn Sie fragen: „Udina, ein interessanter Name. Wo kommt der her?", oder: „Ach, Sie sind von der Commerzbank in Frankfurt, da habe ich mal eine nette Kollegin kennen gelernt ..."
5. **Stecken Sie genügend Visitenkarten ein.** Es könnte sein, dass Sie mir begegnen. Nein, im Ernst: Vielleicht erinnert sich jemand nach einem Vierteljahr an Sie, weil genau so jemand wie Sie für einen Job gesucht wird. Dann ist es gut, wenn Ihre Visitenkarte greifbar ist. Und notieren Sie Ihrerseits auf den

Kärtchen, die Sie bekommen, einige Angaben zur Person „Lustiges Mittagessen" oder „Expertin für ...". Vielleicht können Sie diese Informationen einmal brauchen.

Ich persönlich schätze es sehr, die entsprechende Karte aus meinem Register ziehen und studieren zu können, während mir Frau Jonza einen Anruf weiterleitet: „Da ist Frau M. dran, du hast sie neulich irgendwo getroffen." Und wenn ich dann Frau M. begrüßen kann: „Na, wie ist das Wetter bei Ihnen in Hannover?" Die Reaktion ist immer gleich: „Was, Sie erinnern sich an mich?" Aber na klar.

Tanzen Sie den Karriere-Tango

Neulich habe ich mit 80 Frauen Tango getanzt. Ja, mit allen auf einmal. Nein, ich bin nicht wahnsinnig, ich war auf einem Kongress mit Kolleginnen von Ihnen. Neben mir auf der Bühne hatte ich eine begnadete Tanz-Partnerin, Sibylle May, Trainerkollegin aus Düsseldorf. Wir haben – die eine ganz klassisch schwarz, die andere feuerrot gewandet – den Karriere-Tango mit den Teilnehmerinnen getanzt: linker Fuß zurück, rechter Fuß zurück, Wiegeschritt, Schritt nach vorn, Vierteldrehung nach rechts, ran. Und immer schön in die Knie gehen wie „Schmittchen Schleicher".

Aber nicht das Tanzen war die Hauptsache, auch wenn es Standing Ovations für den künstlerischen Wert gab, sondern die zehn Karriereschritte, die wir vorgestellt haben. Sibylle und ich haben nämlich festgestellt, dass auch den höchstqualifizierten Frauen manchmal das Wissen um die Spielregeln im Business und ein paar hilfreiche Strategien fehlen. Einige davon haben wir in unserem kabarettreifen Vortrag vorgestellt. (Vielleicht konnten Sie an dem Kongress nicht teilnehmen, weil Ihnen eine Strategie fehlte, um Ihren Chef/Ihre Chefin dazu zu bringen, Sie auf die Tagung zu schicken?)

Grundlage aller zehn Schritte zum Erfolg, die wir vorgestellt haben, ist jedenfalls ein verbessertes Verhandlungsgeschick. Leben ist nicht Kampf, versuchten wir zu vermitteln, sondern Kommunikation. Vielleicht kennen Sie das:

Oft glauben wir von Anfang an, um etwas zu erreichen, kämpfen zu müssen. Wir ziehen schon mal die Boxhandschuhe an, üben den grimmigen Blick und stellen uns auf Widerstand ein. Schnaubend stampfen wir ins Revier unseres vermeintlichen Gegners – und fordern ihn heraus. In Sekundenschnelle stehen wir uns in Angriffstellung gegenüber. Keiner gibt nach. So zu einer guten Lösung zu kommen, fällt verdammt schwer.

Vielleicht kennen Sie die kleine Geschichte von Paul Wazlawick, dem Autor des Buches „Anleitung zum Unglücklichsein", über die Sache mit dem Hammer? Ganz kurz erzählt: Ein Mann will ein Bild aufhängen, er braucht einen

Hammer. Überlegt, ihn sich vom Nachbarn zu leihen. Kommt aber auf viele Gründe, warum der ihm bestimmt das Werkzeug nicht geben wird. Schließlich bollert er an die Tür des Nachbarn und schreit den verdutzten Öffnenden an: „Ich will Ihren verdammten Hammer gar nicht!"

Ich selber war früher auch eher so eine „Macheten-Frau", heißt, ich hatte in jeder Hand ein Kampfmesser. Und bin keiner Auseinandersetzung aus dem Weg gegangen, als Autorin, als Betriebsrätin, als streitbare Amazone der Frauenbewegung. Ich habe viele Kämpfe gewonnen, doch auch herbe Niederlagen erlitten. Heute weiß ich: Wer Widerstand erwartet, wird Widerstand vorfinden. Wer Ablehnung voraussieht, wird Ablehnung bekommen. Wer Streit sucht, wird Feinde ernten. Es dauerte lange, bis ich bessere Mittel fand, mich durchzusetzen.

Vor einiger Zeit erlebte ich es in einem Seminar: Eine Teilnehmerin wollte ihrem Chef eine Arbeitsverbesserung vorschlagen, ein Projekt, das sie gerne leiten würde. Und sie fragte die anderen Teilnehmerinnen, wie sie mit seinem „Nein" umgehen sollte, das sie erwartete. Während sie von der Runde jede Menge guter Tipps bekam, fiel mir der verhängnisvolle Ansatz auf: Warum erwartete sie überhaupt ein „Nein"? Wenn ihre Argumente gut gewählt und gut formuliert wären, wenn sie den Nutzen fürs Unternehmen klar machen konnte, wenn auch der Chef etwas davon haben würde – warum sollte er es ablehnen?

Es gibt ein wesentlich wertvolleres „Werkzeug", um unsere Ziele zu erreichen: das ist Charme. Leben ist nicht Kampf, sondern Kommunikation.

Ich übte also mit ihr, ein „Ja" zu erwarten. Und sich zu überlegen, wie sie dann weiter vorgehen würde, ob ihr Konzept schon ausreichend sei, wenn es hieße: „Prima, nun machen Sie mal!" Auch wenn sie mich noch etwas skeptisch ansah, zeigte sich ein zartes Pflänzchen Hoffnung auf ihrem Gesicht. Wir versprachen alle, am nächsten Tag um elf ganz doll an sie zu denken.

Am nächsten Mittag bekam ich eine Mail: „Es ist unglaublich, mein Chef hat tatsächlich ja gesagt und erwartet bis nächste Woche meine Vorschläge schriftlich. Ich musste überhaupt nicht kämpfen. Es ging ganz problemlos und schnell. Und dabei hatte ich solche Angst gehabt ...!"

Es gibt ein wesentlich wertvolleres „Werkzeug" (von Waffe möchte ich gar nicht mehr sprechen), um unsere Ziele zu erreichen: das ist die „Charme-Offensive". Geben Sie einem Menschen Wertschätzung, und er wird bereit sein, Ihnen zuzuhören. Anerkennen Sie seinen Expertenstatus (auf seinem Gebiet), und er wird bereit sein, mit Ihnen nach Lösungen zu suchen. Das Leben wird leichter, wenn Sie die Boxhandschuhe ausziehen und die offene Hand reichen. Kickboxen können Sie ja dann immer noch in Ihren Fitnesscenter.

Übrigens: Wie die zehn Schritte des Karriere-Tangos im Einzelnen aussehen, darf ich Ihnen leider nicht verraten. Sonst käme ja niemand mehr zu unserem Vortrag, und dann würde mich Heidi Mathias schön hauen – mit ihren roten Boxhandschuhen!

Mein Gott, sind wir alle wichtig!

Wenn Sie schon mal etwas von mir gehört oder gelesen haben, dann wissen Sie: Ich plädiere sehr dafür, dass ein Mensch sich wichtig nehmen sollte. Aber ich warne auch, dass wir uns nicht zu wichtig nehmen! Lassen Sie mich Ihnen dazu eine kurze Geschichte erzählen, die ich vor kurzem selbst erlebt habe: Frankfurt, letzter Flieger nach München, wie die anderen Fluggäste hänge ich müde in den Seilen. Kurz vor dem geplanten Abflug klingt es durch den Lautsprecher: „Wegen eines technischen Defekts können wir das bereitstehende Flugzeug leider nicht nutzen. Wir warten deshalb auf eine Maschine aus Hannover, die Sie hier in Frankfurt aufnehmen und nach München mitnehmen wird."

Ich stöhne kurz auf, na Mahlzeit. Die meisten Wartenden nehmen die Durchsage aber als persönlichen Angriff auf ihre Reisefreiheit. „Wir sind das Volk" skandieren sie und starten einen Protestmarsch zum Counter. Allerdings ohne Erfolg. Das Bodenpersonal lässt sich doch tatsächlich nicht erweichen, doch mit dem kaputten Flieger zu starten. Eine Unverschämtheit! Ich bin heilfroh.

Als das Flugzeug aus Hannover die Türen öffnet (ausgerechnet Hannover, wie spießig! Hätte es nicht wenigstens eine Maschine aus Paris oder London sein können?), trampeln die Passagiere die Einsteigeröhre hinunter. Und werden noch im „Finger" gestoppt, weil ein Fluggast mit rotem Senator-Wapperl am original Lufthansa-Pilotenkoffer (aus dem Sky-Shop) gleich am Eingang darauf beharrt, dass er immer auf „1A" sitzt. Zornig schlägt er mit dem Zeigefinger wieder und wieder auf seine Bordkarte. Da steht's! Doch dieser Sitz ist besetzt. Ein „Hannoveraner" hat sich darauf breit gemacht, der natürlich auch „1A" hat. „Unverschämtheit," röhrt der „Frankfurter". „Und dafür zahle ich dieses viele Geld!"

Nur unter Aufbringung allen Charmes schaffen es die Flugbegleiter, ihn auf den freien 2A zu platzieren. Auch ein schöner Fensterplatz, vom dem aus man nachts auch nichts sieht. Der erboste Reisende hört kurzfristig auf zu mosern, als er zwei Salami-Brötchen statt der ihm zustehenden einen Pappsemmel bekommt und diesmal drei Kistchen mit Pralinen einstecken darf. Doch als Senator-Terminator lässt er sich durch solche Kleinigkeiten natürlich nicht kaufen. Beim Aussteigen droht er den übermüdeten Flugbegleitern noch einmal: „Ich werde mich beschweren, da können Sie sicher sein!" Jawoll.

Wer viel reist, hat tausend Gründe, sich zu ärgern. Da ist diese Unverschämtheit mit dem Handgepäck: Warum darf ich meinen Schrankkoffer, den mittelgroßen Trolley und die dickgepolsterte Laptop-Tasche nicht alle mit hinein nehmen in die Kabine? Ich habe doch schließlich mein Ticket bezahlt! Das Flugzeug ist ausgebucht? Na und, bin ich schuld, wenn die so viele Leute mitnehmen? Nein, ich beharre auf meinem Recht, verweise auf Vielflieger-Status und sonstige Wichtigkeit und halte den ganzen Betrieb so lange auf, bis ich mich endlich über diese ewigen elenden Verspätungen beklagen kann.

Und wer zum Teufel bin ich, dass ich mir das Telefonieren an Bord verbieten lasse? Wenn wir in der Luft sind, werde ich schon mein Handy ausschalten, die sollen sich nicht so haben! Und wenn dann die Räder knapp den Boden berühren, muss ich doch sofort meiner Sekretärin die gelungene Landung vermelden. Damit sie sich rechtzeitig auf den Einzug von Mister Wichtig im Büro vorbereiten kann.

Aus Erfahrung plädiere ich für mehr Gelassenheit. Es hilft manchmal, sich in Erinnerung zu rufen: Für uns ist ein geplatzter Termin vielleicht ein Drama, für den Weltenlauf ist es nicht mal ein Fliegenschiss.

Überhaupt wird man in Zukunft nur noch mit den Billig-Airlines fliegen, dann werden diese arroganten Luft-Hanseaten schon sehen, was sie davon haben, einen so zu bevormunden. Fährt man eben die 350 Kilometer nach Hahn mit der Bahn.

Ach, und dann die Drängler beim Einsteigen. Gerne winke ich einen der Superwichtigen, die mir ihren Trolley in die Kniekehlen rammen, an mir vorbei und sage mit honigsüßer Stimme und charmantem Augenaufschlag: „Fliegen Sie ruhig vor mir. Gute Reise!" Die verblüfften Gesichter müssten Sie sehen!

Kommen wir zurück zum Thema „Wichtigsein". Also, ich finde das auch wichtig, ob ich an einem Tag pünktlich zu meiner Verabredung komme, hasse Schlamperei und Zuspätkommen. Je älter ich werde, umso überzeugter bin ich aber, dass manche Dinge offenbar nicht zustande kommen sollen. Dass ich in manchen Augenblicken nicht an bestimmten Orten sein soll. Na gut. Dann war es nicht mein Augenblick und nicht mein Ort. Aus Erfahrung plädiere ich für mehr Gelassenheit (nicht zu verwechseln mit Lässigkeit oder gar Nachlässigkeit). Es hilft manchmal, sich in Erinnerung zu rufen: Für uns ist ein geplatzter Termin vielleicht ein Drama, für den Weltenlauf ist es nicht mal ein Fliegenschiss!

Mit Uwe durch dick und dünn

Es war kurz vor halbacht Uhr morgens. Draußen schüttete es aus dunklem Himmel. Ein ekliger Wind blies. Als es plötzlich an meiner Wohnungstür klingelte. Ich schlurfte im Jogginganzug zum Öffnen. Vor der Tür ein blondes, dreißigjähriges Energiebündel: „Auf geht's", strahlte dieser unverschämt gut aussehende Kerl. „Raus mit Ihnen! Wir laufen eine Runde!" Fassungslos sah ich ihn an: „Es regnet." „Na und? Das hört schon bald auf!" Das Grinsen war nicht abzustellen. „Ich dachte, wir turnen hier drinnen ein bisschen? Sie glauben doch nicht, dass ich da jetzt mit Ihnen raus zum Walken gehe? Bei diesem Scheißwetter?" Ich war dem Weinen nahe. „Aber klar doch. Regenjacke an und los!"

So begann der erste Auslauf mit meinem neuen „Personal Trainer". Uwe heißt der Charmebolzen, nach außen Sunnyboy, aber innen ganz hart. Gnadenlos. Unbestechlich. Zauberhaft. Nach einem Seminar hatte er mich angesprochen. „Ich habe heute so viel von Ihnen gelernt. Im Gegenzug würde ich gerne mit Ihnen an Ihrer Gesundheit arbeiten." Mit Uwe begann für mich ein neues Zeitalter, die Eroberung meiner Stadtteil-Umgebung, ein neues Lebensgefühl. Der Trainer (und hervorragende Physiotherapeut) hat etwas wieder erweckt, was bei mir seit einiger Zeit im Koma lag: die Lust an Bewegung. Und das mir, der seit vielen Jahren der feste Glaubenssatz ins Hirn gemeißelt war: Wenn ich joggen muss, werde ich nach 100 Metern tot umfallen! Wirklich, davon war ich fest überzeugt.

Und nun gehöre ich zur Meute der morgendlichen Parkdurchquerer, immer der Isar entlang, 20 Minuten flussabwärts, 20 Minuten zurück. Zwar nicht joggend (der Gelenke zuliebe). Aber walkend (Sie wissen schon, früher nannte man das schnell spazieren gehen). Die Hanteln in meinen Fäusten rhythmisch schwingend. Schwitzend, bergauf dampfend. Dazwischen Fuß auf die Bank, schön die Muskeln stretchen. Und das Verrückteste daran: Es macht mir Spaß! Man könnte fast sagen: Ich bin süchtig danach.

Neulich rief eine Freundin an und fragte mich als „Expertin", warum alle Walker so komisch ihre Hände nach vorne schmeißen würden. „Fettverbrennung", konnte ich sie aufklären, „30 Prozent mehr Fettverbrennung". Noch besser mit zwei 800-Gramm-Hanteln in der Hand. Sie könne auch zwei Bierflaschen nehmen mangels Hanteln, sagte ich ihr. Fand sie gar nicht komisch.

Seit Uwe in mein Sportler-Leben getreten ist, laufe ich die zwei Stockwerke zu meiner Wohnung hoch (meistens jedenfalls, verraten Sie mich nicht!). Und jede Woche werde ich leichtfüßiger, ächze längst nicht mehr wie früher. Merke die steigende Fitness auch auf meinen vielen Reisen: Umsteigen, mit den schweren Koffern Bahnhofstreppen runter, Bahnhofstreppen hoch, die Kofferbänder sind meistens „zur Zeit leider defekt". Früher hat mich das die halbe Lunge gekostet. Heute ist es Teil meines Sportprogramms für unterwegs.

Natürlich gibt es auch Rückschläge: Tage, an denen ich einfach keine Lust habe, mich ins Sportzeug zu werfen und loszudüsen. Wochen, in denen mich mein Theraband einfach nicht locken will. Und in denen ich ganz ohne schlechtes Gewissen das Sofa dem Hometrainer vorziehe. Aber dann kommt wieder Uwe und baut mich auf. Schon nach wenigen Schritten weiß ich, was ich versäumt habe.

Dem neuen Körperbewusstsein folgte ein neues Ernährungsbewusstsein. Ich verschlang Bücher über basische Ernährung und knabberte dazu an Kohlrabi und Selleriestangen. Statt Schweinebraten orderte ich Pilzpfannen und Gemüseberge. Und die Pfunde purzelten. Okay, mit meinem jetzigen Gewicht würde sich immer noch jedes Model die Kugel geben. Aber ich weiß, ich bin auf dem richtigen Weg.

Ich bin sicher: Mein Selbstbewusstsein ist heute unabhängig vom Gewicht. Doch zwei Kleidergrößen weniger sind auch nicht zu verachten.

Ich bleibe meinem Versprechen treu, nie wieder in meinem Leben eine Diät zu machen. Also mich zu kasteien, zu quälen und zu bestrafen. Ich finde das westliche Super-Frauenbild mit hervortretenden Knochen, das Untergewicht voraussetzt, immer noch ätzend. (Und keine Bange, so weit wird es nicht kommen.) Aber es geht mir jetzt um etwas anderes: Es geht um Lebensqualität.

Außerdem: Ich finde, ich habe genug bewiesen, dass auch dicke Frauen erfolgreich sein können. Ich habe meine Ziele auch ohne Twiggymaße erreicht. Und das macht mich durchaus stolz. Ich lasse mir gerne von Seminarteilnehmerinnen oder Zuhörerinnen erzählen, wie ermutigend sie es finden, dass da auf der

Bühne eine so „normale" Frau steht (wie sie freundlicherweise sagen) und trotzdem so fröhlich ist. Ich bin sicher: Mein Selbstbewusstsein ist heute unabhängig vom Gewicht. Doch zwei Kleidergrößen weniger sind auch nicht zu verachten.

Übrigens: Ich liebe es inzwischen, durch den Regen zu laufen. Und wenn es dann aufklart, die letzten Tropfen von den Blättern perlen, die Sonne durch die Wolken bricht, das Gras ganz intensiv duftet und die Vögel zwitschern, dann könnte ich laut jubeln. Danke, Uwe!

Blaue Flecken gehören zum Erfolg!

Bewegung macht bekanntlich kreativ. Setzt sich der Körper in Bewegung, arbeiten auch die kleinen grauen Zellen spritziger. Ideen joggen durchs Hirn, bisher ungedachte Gedanken schwimmen an die Oberfläche und Assoziationen tanzen sich ins Bewusstsein. Neulich erkannte ich beim morgendlichen Walken Parallelen zwischen dem Laufenlernen eines Kindes und den Mühen von uns Erwachsenen, Gewohnheiten zu verändern. Beides läuft nach einem ähnlichen Muster ab.

1. Dem Laufenlernen geht immer ein Impuls voraus. Das Kind möchte von A nach B gelangen, entweder hin zu Mutter oder Vater, oder von ihnen weg – „in die weite Welt hinaus". Auch wir Erwachsene brauchen einen Impuls, einen Reiz, um uns von Gewohnheiten zu verabschieden und etwas Neues auszuprobieren. Gewohnheiten sind unheimlich stark, sie haben sich in unserem Hirn bequem gemacht, werden erkennbar durch Sätze wie: „Das habe ich immer so gemacht", oder: „Das kenne ich schon". Um sich von diesen vertrauten Freunden zu verabschieden, brauchen wir ein lohnendes Ziel. Die Belohnung der Veränderung wirkt dann stärker als die Mühe, die diese Veränderung macht. Oft reagieren wir übrigens erst auf einen Reiz, der wehtut – nach einer Krise etwa: einer Krankheit, einer schweren Kränkung, einem Verlust. Wenn die „Schmerzgrenze" erreicht ist, werden wir endlich aktiv. Der Impuls ist dann so stark, dass wir einfach etwas verändern müssen.

2. Das Kind fixiert ein bestimmtes Ziel, eine Person, auf die es dann zuläuft – „Komm zur Mama!" Auch wir brauchen für jede Veränderung ein konkretes Ziel: „Davon will ich mehr ..." beispielsweise, oder: „Davon will ich weniger ...". Oder ganz klar: „Ich will dies, ich will das nicht ..." Tausendmal gemacht, das prägt: Das Telefon klingelt, eine Zigarette angezündet. Geärgert, einen Schokoriegel vernascht. Heimgekommen, aufs Sofa geschmissen. Kritisiert worden, schweigend übel genommen. Ohne klares Ziel ist es aber schwierig, die nötige Motivation für die Veränderung aufzubringen.

August 2003

Denn es kostet eine ganze Menge Kraft, aus dem Stand-by-Status herauszukommen, sich aus dem „Eigentlich, aber" zu lösen.

3. Das Hirn des kleinen Kindes gibt den Füßen das Startsignal „Bewegt euch, lauft los". Die Füße erhalten das Signal und reagieren. Das Kind ist entzückt. Unser Hirn gibt uns das Startzeichen: Mach dies, lass das. Wir hören die ungerechtfertigte Kritik, jemand lässt seine schlechte Laune an uns aus. Wir erheben unsere Stimme, sagen dem anderen scharf, dass wir uns das nicht mehr gefallen lassen. Das Adrenalin pumpt durch die Adern. Der andere entschuldigt sich. Hinterher: Endorphine überschwemmen uns geradezu, auch wenn die Hände noch zittern.

4. Das Kind nutzt die vorhandene Energie, um die Muskeln in Bewegung zu setzen, Und tapp, tapp, tapp geht es voran. Wir brauchen Energie, um Veränderungen anzupacken. Sie erwächst meist aus Wut oder Hoffnung. Wer noch im Trauerzustand ist, besitzt diese Energie oft nicht. Zornig zu werden ist ein guter Antrieb. Wer resigniert hat, bekommt den Hintern nicht hoch. Ein Schimmer Hoffnung auf eine bessere Zukunft, mehr Lebensqualität und Freude muss am Horizont scheinen, damit wir uns auf den Weg machen.

Wir brauchen Energie, um Veränderungen anzupacken. Sie erwächst meist aus Wut oder Hoffnung. Wer noch im Trauerzustand ist, besitzt diese Energie oft nicht. Zornig zu werden ist ein guter Antrieb.

5. Das Kind fällt nach wenigen Schritten hin, stößt sich an, schreit. Will getröstet werden. Und wir Erwachsenen? Wir waren doch schon so gut dabei, dann kommt der Rückfall, die alten Gewohnheiten holen uns ein, der innere Schweinehund stellt uns Fallen. Ach, das hat doch alles sowieso keinen Zweck, signalisiert das Hirn. Du schaffst das einfach nicht, du bist zu blöd, das lohnt sich doch gar nicht ... Das Ziel erscheint auf einmal von dichten Nebelschwaden verhangen, wir sehen den Weg nicht mehr und sind frustriert. In dieser Phase brauchen wir jemanden, der uns zuhört und uns neuen Mut macht. Wir brauchen niemanden, der sagt: Hab ich dir gleich gesagt, lass das lieber. Vorsicht vor falschen Tröstern!

6. Das Kind rappelt sich auf oder windet sich aus unseren tröstenden Armen. Es versucht es wiederholt: Füße, marsch. Und wir: Überwinden unsere Frustration, verzeihen uns Rückfälle, aber geben nicht auf. Vielleicht müs-

sen wir unsere Strategie verändern, vielleicht brauchen wir mehr Unterstützung. Aber wir halten durch. Mit der Zeit geht die Veränderung ins Blut über. Wir brauchen weniger Energie, bekommen dafür die ersten Früchte des Muts zu kosten. Und sie schmecken köstlich!

7. Das Kind erreicht sein Ziel ohne Hinfallen. Es steht immer sicherer auf den Beinen, steigert die Geschwindigkeit. Vergessen sind die blauen Flecken. Und es ist bald kaum noch zu bändigen. Wir haben es uns bewiesen: Jawohl, geschafft! Unser Körpergefühl ändert sich positiv, wie unser Selbstwertgefühl. Unser Auftreten verändert sich und das wird registriert. Unser Status verstärkt sich und der Respekt der anderen vor uns. Lebensfreude pur! Dafür lohnen sich doch ein paar blaue Flecken, oder?

Dein Leihwagen, das unbekannte Wesen

An mein erstes Leihwagenerlebnis erinnere ich mich noch genau: Es war vor 15 Jahren an einem kleinen Flughafen. Ich glaube, Münster-Osnabrück oder Paderborn, jedenfalls so ein Flugplatz, auf dem man von der Maschine direkt in die Ankunftshalle geht. Ich erinnere mich auch noch an den netten jungen Mann, der mich am Schalter bediente, dann mit mir zum Parkplatz ging, mir mein Auto zeigte, meine Tasche in den Kofferraum wuchtete, mir die Schlüssel übergab und fragte, ob er mir noch etwas erklären dürfe. Paradiesische Zeiten! Wo seid ihr hin?

Heute? Drückt mir ein hektischer Schaltermitarbeiter den Schlüssel in die Hand oder ich werde vom Automaten bedient. Super effektiv. Geht blitzschnell. Gute Fahrt – und tschüss. Leider bekomme ich meistens auch noch einen Streckenplan wie beim Hamburg-Marathon an die Hand, um das bestellte Auto überhaupt zu finden. Alleine natürlich. Ich studiere meine Road Map to Heaven: Da, bei dem kleinen Kreuz, da steht er, von hier aus rechts, über eine Straße, dann links halten ... Parkhaus B, 5. Etage, Platz 1457. Hannover zum Beispiel, ich sage nur Hannover! Egal ob Flughafen oder Hauptbahnhof – dort geht man meilenweit für einen Wagen!

Seufzend mache ich mich also auf den Weg, den Trolley hinter mir herziehend, die schwere Aktentasche in der anderen Hand. Kaum habe ich eine halbe Stunde gesucht, stehe ich schon am Objekt meiner Begierde. Ein niegelnagelneuer Mercedes. Hmm, riecht noch ganz neu. Ich schwinge mich elegant hinein, greife unter den Sitz, um meine Füße den Pedalen näher zu bringen – nix. Kein Griff, wie ich ihn von meinem alten Passat kenne. Aha, elektrisch, schließe ich. Ich taste an der linken Seite entlang – nix. Dann an der rechten. Dieser verdammte Sitz hat keinen Hebel zum Verstellen. Das gibt's doch nicht. Ich fluche auf Männer, die solche Autos bauen. Fast eine Viertelstunde suchte ich verzweifelt, mein Vortragstermin rückte näher. Nix. Also wuchte ich das pfundschwere Handbuch aus dem Handschuhfach.

Und dort, auf Seite 134 sehe ich diese niedliche Zeichnung: wie putzig! Die wahnsinnig kreativen Designer haben die Sitzverstellung in die Türverkleidung eingebaut, und wenn man es weiß, sieht man es auch: in Form eines kleinen Puppenstuben-Autositzes. Aber woher soll das eine gewohnheitsmäßige VW-Fahrerin wissen? Ich hasse Autodesigner, die sich nicht einigen können, wo der Rückwärtsgang hingehört und wie er zu aktivieren ist. Ich finde es total überflüssig, dass unterschiedliche Fahrzeugtypen mit unterschiedlichen Navigationssystemen ausgesattet sind, sodass man jedes Mal vor Fahrtantritt erst ausführlich das Betriebsanleitungs-Kauderwelsch studieren muss.

Vielleicht könnten meine Schilderungen Sie auf die Idee bringen, dass ich ein klein bisschen dämlich bin? Eigentlich nicht. Und ich kann gut Auto fahren (sogar einparken). Aber ich rechne nicht mit dem Spieltrieb der Autobauer. Für mich ist ein Auto ein Gebrauchsgegenstand. Warum soll ich jedes Modell neu entdecken, erforschen, bezwingen? Wo bleibt das DIN, der TÜV?

Ich habe mir von Männern sagen lassen, dass sie auch manchmal ratlos in einem Leihwagen sitzen, sie reagieren nur anders: Sie drücken wahllos alle Knöpfe, in der Hoffnung, dass irgendeiner schon der richtige sein wird. In ihnen wird der Spieltrieb geweckt, Crocodile Dundee auf der Suche nach dem Tankdeckelverschlussentriegelungsknopf. Mich nervt das nur.

Neulich auf der Autobahn Ulm-Heilbronn, ich fuhr erstmals so ein schnuckeliges SLK-Cabrio. Die Sonne lachte vom Himmel. Das ideale Wetter zum Offenfahren. Nur, wie geht dieses verdammte Verdeck auf? Bald stand ich in einem Stau. Sah mich um. Fand den Knopf zum Öffnen des Dachs nicht. Suchte im Handschuhfach nach der Betriebsanleitung. Nix. Die müssen doch ein Handbuch da reinlegen! Ich fluchte auf die Autovermietung.

> **Ein Auto ist ein Gebrauchsgegenstand, warum muss ich jedes Modell neu entdecken, erforschen, bezwingen?**

Der Stau dauerte an. Manche stiegen aus und vertraten sich die Beine. Ich fasste mir ein Herz und fragte den Fahrer eines silbernen Mondeo, ob er vielleicht wüsste, ...? Interessiert inspizierte er meinen Flitzer. Hatte aber auch keine Ahnung. Bald hatte ich vier zauberhafte Männer um mich: Der eine wusste, dass Mercedes das Handbuch im SLK hinter dem Rücksitz versteckt – wie pfiffig. Der zweite wusste, dass der rote Knopf auf der Mittelkonsole der richtige war. (Ich drücke doch nicht einfach auf rote Knöpfe!) Der dritte Kavalier wusste, dass es gar nichts bringt, den roten (!) Knopf zu drücken, wenn im Kofferraum eine dort extra angebrachte Abdeckplane nicht geschlossen sei. Und der vierte gab mir einfach so seine Visitenkarte. Als ich das Verdeck endlich offen hatte, zogen bereits dicke Wolken über den Himmel. Der Stau löste sich auf. Ich fuhr los. Es fing an zu regnen. Ich fuhr durch den Regen. Das Verdeck lässt sich natürlich nur im Stehen öffnen oder schließen (Handbremse nicht vergessen!). Stur blickte ich geradeaus, wischte ab und zu die Tropfen von der Brille. Na und, schaut nicht so blöd, ich fahre immer im Regen offen. Bei Sonne kann das ja jeder Depp!

„Ich will doch einfach nur hier sitzen ..."

Gestern erlebte ich diesen Dialog. Mein Gegenüber: „Und was haben Sie so im Urlaub gemacht?" Ich: „Ich war drei Wochen auf der Schwäbischen Alb." „Golf gespielt?" „Nein." „Fahrrad-Trecking?" „Oh, nein." „Klettern?" „Um Himmels willen, nein!" „Waren Sie bei einem dieser unglaublich eindrucksvollen Konzertsommer auf einem Schloss?" „Nein." „Ja was dann – Meditationskurs, Fastenwandern, Ayurveda?" „Nee, ich war einfach so da. So einfach da, in Urlaub, meine ich. In Bad Boll." „Ach, so, zur Kur, warum haben Sie das nicht gleich gesagt!?" „Nein, ich war zwar in Bad Boll, aber nicht zur Kur. Ich war einfach so da." „Einfach so?" Pures Entsetzen spiegelt sich auf dem Gesicht meines Gegenübers. „Auf der Schwäbischen Alb?" „Ja, da ist es wunderschön, und ruhig, und ich hatte jeden Tag Sonne. Ich bin ein bisschen herumgefahren, eine Wahnsinns-Landschaft. Und ich habe viel gelesen ..."

Ich sah, wie ich von meinem Gesprächspartner innerlich von der Liste „Interessante Leute" gestrichen wurde. Ich geb's ja zu: Schwäbische Alb – das klingt nicht gerade wie die Seychellen; Ruhe – das klingt wirklich langweiliger als Riverrafting; Lesen – da könnte man schon auf den Gedanken kommen, die arme Frau, hat wohl auch keine Freunde. Aber ich fand's herrlich, so allein auf der Schwäbischen Alb.

Glücklicherweise konnte ich meinen Ruf doch noch retten: „Außerdem habe ich an meinem neuen Buch gearbeitet." „Ach so, ja das ist ja ganz was anderes, wie interessant. Ein Buch, ach, das will ich auch schon lange schreiben. Das würde sicher ein Bestseller. Aber mir fehlt einfach die Zeit ..."

Ist doch irgendwie pervers: Gestehst du, im Urlaub gar nichts Aufregendes getan zu haben, giltst du als Looser. Gibst du aber an, auch in den freien Tagen weiter geschuftet zu haben, bist du die Heldin. Um ehrlich zu sein, habe ich überhaupt nicht an meinem neuen Buch gearbeitet, und trotzdem habe ich die entscheidenden Impulse im Urlaub bekommen. Gerade wenn ich einfach nur da saß und vor mich hinguckte, stiegen plötzlich fantastische Bilder aus meinem Unterbewusstsein auf, und ich musste sie nur notieren, damit sie nicht wieder ins Nirgendwo entfleuchten. Und ich stellte wieder fest: Nicht im Stress kommen die besten Ideen, sondern in der Ruhe, der vermeintlichen Langeweile. Wenn ich meinen Gliedern Erholung gönne, können die Gedanken spazieren gehen.

Wissenschaftler versuchen immer wieder, uns die Wonnen des Nichtstuns zu vermiesen. So wurde rechtzeitig vor der Urlaubssaison die Meldung verbreitet, dass Urlaub dumm mache. Wer zwei Wochen an einem Meeresstrand nur faul vor sich hinbrate, senke seinen IQ unter die Nachweisgrenze oder so ähnlich. Nachdem ich die Meldung zum fünften Mal irgendwo gelesen hatte, sah ich vor meinem inneren Auge lauter debil gewordene Urlauber, die den Weg zum Flughafen oder Auto nicht mehr fanden, und für immer – blöd, aber glücklich – in der Domrep, Antalya oder auf Borkum bleiben mussten. Es gibt schrecklichere Schicksale, wenn Sie mich fragen. Gerüchteweise habe ich gehört, dass nach der Medienkampagne gegen den Faultierurlaub der Verkauf von Rätselzeitschriften raketenhaft angestiegen sei. Von wegen Anregung für die kleinen grauen Zellen, und so. Na, ob das wirklich den Verfall stoppen kann – Grautier mit vier Buchstaben?

Ist doch pervers: Gestehst du, im Urlaub nichts Aufregendes getan zu haben, giltst du als Looser. Gibst du an, auch in den freien Tagen weiter geschuftet zu haben, bist du die Heldin.

Aber wenn ich mich recht erinnere an meinen Schwäbische-Alb-Urlaub, dann haben die Wissenschaftler vielleicht doch Recht. Nach einer Woche wusste ich nämlich schon nicht mehr, welches Datum wir hatten, und in der zweiten Woche scheiterte ein Einkauf im örtlichen Schönheitssalon fast daran, dass ich die PIN-Nummer meiner EC-Karte nicht mehr wusste. Ich stand wie belämmert an der Kasse. Die Verkäuferin hatte schließlich Mitleid mit der hirnlosen Urlauberin und gab mir die Cremes und Salben auch ohne die Nummer.

Und in der dritten Woche hatte ich vergessen, wo und wer ich war. Ich fühlte mich wie in der Toskana. Diese Landschaft, diese Ausblicke, diese Burgen auf Vulkankegeln! Als mich meine Mutter einmal auf dem Handy anrief, war ich völlig verwirrt. „Woher weißt du, dass ich hier bin?", fragte ich tumb in den Hörer hinein.

Zum Glück hatte mein Leihwagen ein Navigationssystem, so kam ich wenigstens heil nach München zurück. Jetzt sitze ich etwas orientierungslos am

Schreibtisch. Was tue ich hier eigentlich? Was wollen all die Menschen von mir? Und wer ist Maria Akhavan, die mich eben anrief und mich verzweifelt an die Kolumne erinnert, die ich schon seit Tagen abgegeben haben sollte – für „Wörkin et Offis". What the hell is „Wörkin et Offis"? Wer arbeitet im Büro? Und warum? Und was habe ich damit zu tun? Was ist eine Kolumne? Ich will auf meine schattige Bank, in Bad Boll! Ich bin ein Grautier mit vier Buchstaben ... Moni Jonza, rette mich!

Noch einmal mit Gefühl

Vor Jahren hatte ich als Angestellte eine Chefin, die hat mich zwei- oder dreimal zum Weinen gebracht. Sie hat mich so ungerecht behandelt, dass ich in Tränen aufgelöst aus ihrem Büro gelaufen bin und mich auf dem Klo ausgeheult habe. Jahrelang habe ich mich dafür geschämt. Habe mir vorgeworfen, unprofessionell gehandelt zu haben. Heute, bei der Vorbereitung dieser Kolumne, habe ich mich endlich entschlossen, mir zu verzeihen. Ja, im Gegenteil, heute habe ich mich dazu durchgerungen, die Situation anders zu beurteilen: Meine Chefin war gemein zu mir, sie wusste, wie sie mich in meinem Innersten treffen konnte, und ich wusste mir nicht zu helfen. Meine Tränen waren eine Reaktion auf eine schwere Kränkung. Ich konnte nicht anders – sonst hätte ich anders reagiert! (Ich bin sicher, dass ich heute anders reagieren würde, weniger defensiv, aber da liegt eine gewaltige Entwicklung dazwischen.)

Emotionen im Job – jahrelang wurde Frauen (und Männern) eingeredet, sie hätten in der Wirtschaft nichts zu suchen. Im Job galt es cool, überlegt und vor allem beherrscht zu sein. Gegen Beherrschung ist ja nichts einzuwenden, niemand wünscht sich tobende Chefs, hysterische Chefinnen und wild um sich schlagende Assistenten. Doch das Gegenteil ist ebenfalls nicht gesund – Frust und Kränkungen in sich hineinzufressen, Enttäuschungen runterzuschlucken, sich und seine Emotionen so abzuschotten, dass einen nichts mehr erreicht. Wer sich selbst nicht mehr spürt, kann auch für andere kein Mitgefühl entwickeln.

Die Zusammenarbeit in Unternehmen fußt immer noch zu großen Teilen auf Hierarchien, und da gibt es Entscheidungen, die andere im Nerv treffen: Der in mühevoller Nachtarbeit erarbeitete Projektvorschlag wird abgelehnt. Die angestrebte Beförderung bekommt jemand anderes. Die Schuld an Fehlentwicklungen wird uns untergeschoben. Natürlich gibt es Ungerechtigkeiten, Enttäuschungen. Und dann soll ich meine Emotionen schön im Kämmerchen lassen? Mich nicht aufregen, cool bleiben?

November 2003

Vielleicht kennen Sie die uralte Geschichte von dem Mann, der von seinem Chef einen Rüffel bekam. Er fuhr nach Hause und trat aus Ärger den Hund. Der Hund zwickte daraufhin das Kind. Das Kind heulte, und die gestresste Frau stritt anschließend mit dem Mann. Da konnte er endlich die Emotionen rauslassen, seine Wut, seine Enttäuschung, das Gefühl, Opfer zu sein. „Kann man denn nicht mal nach einem anstrengenden Arbeitstag in Ruhe seinen Feierabend genießen?"

Ich möchte hier ein Plädoyer halten für Gefühle im Job! Nicht dafür, sich schreiend auf den Boden zu werfen, mit den Konferenzkeksen zu schmeißen oder die Kollegin an den Haaren zu ziehen. Sondern dafür, die Emotionen möglichst mit denen auszumachen, die sie erzeugt haben:

Wenn wir Emotionen verleugnen, reißen wir mit den angeblich „schlechten" Gefühlen, dazu gehören Wut, Zorn, Enttäuschung, Angst oder Traurigkeit, auch die „guten" mit aus, solche wie Freude, Mitgefühl, Empathie oder Leidenschaft. Aber wie sollen wir als Gefühls-Zombies andere begeistern, unsere Kunden glücklich machen, unsere Kollegen verstehen oder auf Konflikte einfühlsam reagieren?

Die Erfahrung zeigt, dass ein offensiver Umgang mit Emotionen einen guten Nebeneffekt hat: Wir erwerben uns mehr Respekt bei den anderen.

Wenn wir unsere Emotionen spüren, bekommen wir eine Chance, dafür zu sorgen, dass wir weniger (negative) oder mehr (positive) Reize bekommen. Ein Beispiel: Ein Kollege ruiniert mit einer sarkastischen Bemerkung weit unter der Gürtellinie meinen Projektvorschlag. Ich stehe da wie ein begossener Pudel. Natürlich kann ich mir jetzt einreden: Das trifft mich überhaupt nicht, von solch einem Deppen lass ich mich doch gar nicht provozieren. Aber der Stachel steckt doch im Fleisch. Dass er tief sitzt, vor allem bei Frauen, erlebe ich in vielen Seminaren, in denen mir von Kränkungen berichtet wird, die oft Jahre zurückliegen, die aber ihr Gift immer noch verteilen. Lasse ich das Gift weiter wirken, werde ich einen Kampf mit meinem Selbstwertgefühl führen. Vielleicht wird der Kollege mein Todfeind, all mein Bestreben geht dahin, ihn ebenfalls zu verletzen. Die Folge: Ich ertrinke in meiner Emotionalität.

Die Alternative: Zitternd vor Aufregung ob der gemeinen Bemerkung bitte ich den Kollegen nach der Sitzung zu einem Gespräch unter vier Augen (wichtig). Ob mit Tränen in den Augen oder mit bebender Stimme, ist wirklich nebensächlich, wichtig ist, dass ich meine Emotionen benenne: „Sie haben mich mit Ihrer Bemerkung persönlich verletzt. Ich hätte eine so geschmacklose Bemerkung von Ihnen nicht erwartet. Ich möchte, dass Sie wissen, wie sehr mich das getroffen hat."

Selbst wenn der Kollege jetzt empört jede Schuld von sich weist, habe ich etwas Wichtiges geschafft: Ich habe meine Gefühle bei dem abgeladen, der sie verursacht hat. Schniefend, aber zufrieden kann ich mich wieder an die Arbeit machen. Viele Frauen haben Angst, dann als Heulsuse abgestempelt zu werden. Aber aus vielen Gesprächen weiß ich, dass die Reaktion des anderen nach einem solchen emotionalen Ausbruch sehr viel positiver ausfällt als wir selbst erwarten (einzelne Büffel gibt es natürlich). Meist ist der andere nämlich fassungslos, und oft genug folgt eine Entschuldigung: „So habe ich das doch nicht gemeint!" Dann sollten wir die Entschuldigung wohlwollend annehmen. Die Erfahrung zeigt, dass offensiver Umgang mit Emotionen einen guten Nebeneffekt hat: Wir erwerben uns Respekt bei anderen. Schluss mit dem Beleidigtsein, Schluss mit waidwunden Blicken. „Klarheit schafft Harmonie," ist einer meiner Lieblingssätze. Ich bin sicher, er stimmt.

Gebt uns die Weihnachtsfeiern wieder!

„Dies Jahr gibt es aber keinen Weihnachtsbaum mehr", sagte ich neulich zu meinen (fast) erwachsenen Kindern. „Immer diese Schlepperei, und das Ding nimmt so viel Platz weg und dann all die Nadeln überall, die ich noch im Sommer beim Staubsaugen finde. Dafür seid ihr doch jetzt auch schon zu groß, oder?" Sofort brach ein großes Protestgeschrei aus. „Warum nicht? Doch! Wir wollen einen Baum. Muss ...!" Natürlich ließ ich mich schnell überzeugen.

Ich freue mich ja selbst schon darauf, an einem kalten Winternachmittag loszuziehen, um den passenden Baum auszusuchen. Wenn vier Leute dabei sind, hat man schnell vier Christbaum-Favoriten. Und dann das Abwägen – der ist schön gerade, der ist voller. Der hat da ja ein Loch ... Wenn der Baum zuhause dann endlich einigermaßen gerade dasteht und sich erwärmt, duftet es schon ein bisschen nach Weihnachten. Am nächsten Morgen beginnt dann die nächste Etappe, all die Schätze zusammenzusuchen, die wir im Laufe der Jahre angesammelt haben: alte herrliche Kugeln, Eiszapfen, bunte Ketten, Anhänger und immer ein paar frische Schokofiguren zum Aufhängen dazu. Allein diese schönen Dinge vom Speicher zu holen und auszupacken macht Freude.

Bei jedem Stück ist eine Geschichte zu erzählen, bei jedem Stück wird eine Erinnerung wach. „Wisst ihr noch, als uns letztes Jahr der Riesenbaum aus diesem winzigen Ständer gekippt ist und fast die Vase von Tante Elisabeth zerschlagen hat?" „Wisst ihr noch, als wir in unserer Ökophase mal den Baum nur mit Strohsternen und Äpfeln dekoriert hatten. Und der Baum so spillerig aussah?" „Wisst ihr noch ...?" Und jedes Mal der Ärger, wenn man wieder mal die Kiste mit den Krippenfiguren nicht findet, „Die habe ich ganz sicher auf den Speicher gebracht", oder die Freude, wenn plötzlich zufällig die bombastische Christbaumspitze auftaucht, die man schon vor Jahren als verloren aufgegeben hatte.

Ich habe festgestellt, fast jede Familie hat ihr ganz bestimmtes Ritual, wie der Baum geschmückt werden muss, wer was tun darf (oder nicht), wer was zuerst dranhängt, und was jedes Jahr wieder kopfschüttelnd in das Seidenpapier zurückgelegt wird.

Kinder brauchen solche Rituale, aber nicht nur Kinder. Menschen brauchen Rituale. Warum das so ist? Menschen brauchen das Gefühl, einer Gruppe anzugehören. Es holt sie aus ihrer Grund-Einsamkeit heraus. Rituale bedeuten, sich als Teil eines Ganzen zu verstehen, darauf zu vertrauen, dass auch beim nächsten Mal das gleiche Programm abläuft. Denken Sie nur an die strikte Aufteilung in „Lametta-Schmücker", „Strohsternschmücker" und „Kugelschmücker"...

Es geschieht selten, dass Menschen ihren „Weihnachts-Ritual-Clan" verlassen. Ich gebe zu, ich bin eine der wenigen Fahnenflüchtigen, oder besser Lamettaflüchtigen, die sich getraut haben. Ich gebe mir heute nur noch die Kugel und hoffe, dass mein Vater, inzwischen sicher im silbernen Lamettahimmel, mir verzeiht.

Ob spartanisch, ob rund, ob uni oder bunt, wir brauchen Rituale. Rituale haben etwas Vorhersehbares, Steuerbares. Rituale nehmen Angst. Wie gesagt, das ist beileibe nicht nur bei Kindern so. Auch Erwachsene brauchen wenigstens zeitweise dieses Gefühl des „Aufgehobenseins". Da kann die Weihnachtsfeier in der Firma noch so schofelig ausfallen, sogar das Herumstehen bei Bier und Brause unterm räudigen Adventskranz schafft ein Wir-Gefühl.

An was erinnern wir uns, wenn wir an frühere Jobs denken? In der Regel an Feste, und endeten sie auch noch so peinlich. An die Ansprachen des Geschäftsführers, waren sie jedes Jahr auch wieder noch so unbeholfen. Das gemeinsame Erleben war das Wichtigste, nicht die Qualität des Buffets.

Menschen brauchen das Gefühl, einer Gruppe anzugehören. Es holt sie aus ihrer Grund-Einsamkeit heraus.

Und erst wenn die Buchhalterin von den zwei Azubis zum Auto geschleppt werden musste, weil sie nur noch kicherte und nicht mehr stehen konnte, war das Fest gelungen. Ehrlich: Meist waren die Feste gar nicht so toll, wie sie in unserer Erinnerung festgehalten sind. Aber das ist egal! Das Wir-Gefühl ist trotzdem da.

Unternehmen beschäftigen heute oft teure Berater, um die „Corporate Identity" der Mitarbeiter zu heben. Allein das Wort ist schlimmer als die schrecklichste Ansprache des Betriebsratsvorsitzenden auf einem Betriebsausflug. Vielleicht bräuchte es die Millionenprogramme gar nicht, wenn nicht über Jahre hinweg systematisch alle „Leer-minuten" abgeschafft worden wären: das Sekttrinken bei einem runden Geburtstag, Kaffee und Kuchen zum Einstand oder zum Urlaubsbeginn, das Sommerfest, der Betriebsausflug oder eben die Weihnachtsfeier. Klar, ich verstehe, kostet alles Geld und diese Zeit, die verloren geht! Das kann man sich heute einfach nicht mehr leisten, bei dem Kostendruck!

Dafür fährt man heute lieber mit dem schwierigen Team für ein Wochenende in den super angesagten Outdoor-Klettergarten im Bayerischen Wald. Da lernen die Damen und Herren mit Hilfe der zauberhaften Incentive-Agentur-Trainer mal wieder, füreinander einzustehen, sich aufeinander zu verlassen. Und abends hat man dann doch auch mal Zeit, gemütlich zusammenzusitzen. Man weiß ja, dass dies gut fürs Betriebsklima ist.

Wie immer es auch sei, ich fordere die Rehabilitation der Weihnachtsfeier, Punsch für alle, und nur für die bösen Buben, die das alles abschaffen wollen, die Rute. Nikolausia, komm auch in unser Haus ...

Von Schokoladen-Seligkeit und Trostpralinen

Haben Sie schon mal in einem Kreis von Frauen gesessen und sich über Schokolade unterhalten? Das ist ein Erlebnis der Sinnlichkeitsstufe 1. Neulich passierte mir dieses Naturschauspiel auf einem Office-Kongress in der Schweiz (na, wo denn sonst?). Wir saßen beim Mittagessen und waren noch bei der Vorspeise, als wir auf das Thema kamen, da eine Teilnehmerin bei einer bekannten Schokoladenfirma arbeitete. Mhm, murmelten alle versonnen, als sie sich vorstellte. „Mit Mandeln", hauchte die eine. „Mit Marzipan", die nächste. „Nein, nur schwarz und bitter", sagte die dritte bestimmt. Bald taten sich zwei Lager auf: Eine Milchschokolade-und eine Zartbitter-Fraktion. „Marzipan, können Sie haben", meinte eine und verzog den Mund. „Widerlich. Aber Traube-Nuss, oh mein Gott, wie lecker." Ihre Nachbarin schüttelte sich. „Nee, nichts mit Früchten, bäh, damit können Sie mich jagen. Nur reine Schokolade." Und leckte sich die Lippen. Bald stellte sich heraus:

Jede von uns hatte eine Lieblingsschokolade, die reine Glückshormone ins Gehirn ausschüttet, und eine Ekelsorte. Und was der einen Schweißperlen der Gier auf die Stirn trieb, ließ die andere völlig kalt. Beim vegetarischen Hauptgang waren wir bei Situationen, in denen Schokolade lebensrettend sein kann. „Nachmittags um halbdrei, wenn nix mehr geht. Dann ein Stück Nougatschoki", schwärmte eine Dame aus Basel. „Wenn es abends mal wieder spät wird, ein Riegel Vollmilch mit ganzen Nüssen", assistierte eine Dame aus Freiburg. „Das gibt noch mal Kraft für zwei bis drei Stunden." „Und wenn der Chef mal richtig schlecht drauf ist, zum Trost ein Stückchen Trüffelschokolade." „Belgische Schokolade!", sagte plötzlich eine Dame mit leuchtenden Augen. Und drei andere fielen symbolisch mit in Ohnmacht. Das erinnerte mich an eine Situation, die mit Schokolade zu tun hatte. Ich erzählte meinen Tischpartnerinnen die Geschichte:

Ich war als Journalistin einmal Gast beim World Economic Forum, dem berühmten Wirtschaftsgipfel in Davos. An einem Tag lud ein Automobilhersteller die Teilnehmer zum Fahrsicherheitstraining auf Eis. Unsere internationale Gruppe traf sich zum Mittagessen. Mein Nachbar, ein Schwede, fragte unser Gegenüber, einen Engländer, in welcher Branche er tätig sei. „Chocolate", antwortete der kurz. Ich wollte ein Scherzchen machen und sagte „Oh, then you are Mr. Cadburry!" und lachte meckernd. Wie das manchmal so meine Art ist. Er lächelte mich höflich an, neigte den Kopf und sagte ruhig: „Yes, I am." Mich traf fast der Schlag, es war Mr. Cadburry junior, Besitzer der gleichnamigen britischen Schokoladenfirma. Ich glaubte, ohnmächtig unter den Tisch rutschen zu müssen. Er aber freute sich, als ich ihm stammelnd von meinen Kindheitserinnerungen berichtete, als englische Soldaten im Manöver in meinem Heimatdorf in Niedersachsen Cadburry-Schokolade an uns Kinder verteilten. Das hatte ich nie vergessen.

„Ich habe auch so eine Erinnerung, die ich nie vergessen werde", unterbrach mich eine Tischnachbarin. „Als Sie uns die Schokolade schenken wollten, und niemand hat sich getraut, sie zu nehmen." Ich sah sie stirnrunzelnd an. „In Ihrem Vortrag haben Sie eine Schokolade hochgehalten und gefragt, wer gern Schokolade isst. Fast alle haben sich zögernd gemeldet. Und dann haben Sie uns angeschaut und gefragt, wer diese Tafel haben möchte. Niemand hat sich getraut, sich zu melden." Jetzt erinnerte ich mich vage. Die Teilnehmerin fuhr fort: „Und dann haben Sie gesagt, wenn wir etwas gerne hätten, und es würde uns angeboten, dann müssten wir auch zugreifen. Sonst bekämen wir es nämlich nicht." Stimmt, ich hatte mal so eine Übung in einen Vortrag eingebaut. „Ich habe mir das zu meinem Lebensmotto gemacht", fuhr die Dame fort. „Wenn du etwas haben möchtest, musst du es auch sagen. Und es ist mir gut

---

Und wenn der Chef mal richtig schlecht drauf ist, gibt 's zum Trost ein Stückchen Trüffelschokolade.

---

gegangen damit." Was auch wieder einmal zeigt, dass die praktischen Beispiele am ehesten im Gedächtnis haften bleiben, dachte ich. Und wurde schon von einer anderen Teilnehmerin angestrahlt. „Ich habe mal erlebt, wie Sie von dieser Sekretärin erzählt haben, die diesen bösen Chef hatte. Die den mit Schokolade ruhig gestellt hat." Ich musste lachen, offensichtlich ist Schokolade mein Thema. Die anderen wollten jetzt natürlich wissen, was es mit dieser Geschichte auf sich hat. „In einem Veränderungsworkshop haben wir mal nach einer Lösung für eine Sekretärin gesucht, die drei Chefs hat, zwei sehr nette und einen cholerischen. Und dieser Choleriker machte ihr das Leben schwer, jeden Tag stürzte er einmal in ihr Büro, um sie anzubrüllen – ‚Warum habe ich das noch nicht bekommen ..., warum haben Sie das noch nicht gemacht ...!?' Wir fanden einige ganz gute Lösungen und eine sehr gewagte, aber lustige. Wenn dieser Chef das nächste Mal in ihr Büro gestürmt käme, sollte sie aus ihrem Schreibtisch ein Stück Schokolade, eine Praline oder Ähnliches holen und es ihm überreichen, mit den Worten: ‚Hier, für Sie, weil Sie es doch so schwer haben!'" Meine Zuhörerinnen hielten die Luft an und brachen dann in Gelächter aus. Wir diskutierten noch, was diese Schokoladenattacke für Folgen hätte, als der Nachtisch serviert wurde. Und da wurde es plötzlich ganz ruhig. Wir löffelten eine herrliche Mousse au chocolat, ließen sie auf der Zunge vergehen, verdrehten entzückt die Augen und leckten unsere Mäulchen wie satte Kätzchen. Ach, es geht doch nichts über Schokolade.

Schwere Gliederkette mit Schwachstellen

Vor einiger Zeit habe ich mal in Pforzheim ein Seminar geleitet. In Anlehnung an den Ruf als Schmuckstadt gestaltete ich die Vorstellungsrunde so: „Stellen Sie sich vor, Sie sind ein Schmuckstück, womit würden Sie sich vergleichen?" Es kamen hoch interessante Antworten: „Ich bin ein breiter, schlichter Silberring.", ‚"Ich bin eine runde Jadescheibe an einem Lederband.", „Ich bin ein Ring mit einem kleinen Diamanten.", „Ich bin eine Golduhr, die etwas nachgeht.", „Ich bin dieser Ehering." Es war wirklich spannend, wie die Frauen diese Vergleiche dann erklärten: Die Dame, die ein Ehering war, erzählte, wie sie sich in den letzten 20 Jahren ihrer Familie gewidmet hatte. Aber der Ring war stumpf, ihr langweilig geworden, ihr fehlte das Funkeln in ihrem Leben.

Die Dame, die ein bisschen nachging als Uhr, schätzte sich eher als konservativ ein, sie dachte viel über den Sinn in ihrem Leben nach und über Werte. Sie litt an der Kälte in ihrer Umgebung. Die Dame, die sich mit einer runden Jadescheibe an einem Lederband verglich, war philosophisch interessiert, suchte ihre Mitte, beschäftigte sich mit Buddhismus und asiatischen Entspannungsmethoden. Die Dame, die ein Ring mit einem kleinen Diamanten war, wünschte sich mehr Selbstbewusstsein. Ihr Wunsch: Ein strahlender Einkaräter zu werden, mindestens. Die Dame, die der schlichte Silberring war, mochte keinen Schnickschnack, keine Spielchen. Sie war gerade heraus, stellte sich aber nicht gern ins Rampenlicht.

Ich liebe solche Assoziationsspiele, weil Menschen dabei eher an ihre Gefühle herankommen und von sich erzählen können. Das geht dann weit über das „Ich heiße Else Müller und arbeite bei einem Automobilhersteller" hinaus. Wenn ich überlege, was ich denn selbst für ein Schmuckstück sein könnte, fällt mir ein Bild ein: Ich bin eine schwere goldene Gliederkette, die sehr gediegen und fest aussieht und durchaus etwas hermacht. Doch ein Stück dieser Kette, vielleicht ein paar Zentimeter, besteht aus einem ganz zarten Kettchen, das sehr schnell reißen kann, wenn man zu fest daran zerrt oder hängen bleibt. Ich bin selbst überrascht über dieses Bild. Aber wenn ich darüber nachdenke, macht es Sinn. In den meisten Lebenssituationen bin ich stark, und mache nach außen auch diesen Eindruck. Alle können sich bei mir anlehnen, sich helfen lassen, von meiner Kraft profitieren, Kummer und Probleme bei mir abladen. Ich trag's schon. Aber da gibt es diese eine Schwachstelle, dieses feine Kettchen. Wenn daran zu sehr gezerrt wird, reißt das Band. Und wenn ich weiter darüber nachdenke, dann ist das, was an dieser Schwachstelle zerren kann, vor allem Ungerechtigkeit. Ich werde wie ein kleines Mädchen, wenn ich meine, ungerecht behandelt zu werden. Erst bin ich völlig hilflos und wie gelähmt. Ungerechtigkeit ist es für mich zum Beispiel, wenn mich jemand vorsätzlich missverstehen will, mir die Worte im Mund umdreht. Da helfen mir die ganzen schweren, massiven Goldringe, die Dreiviertel meiner Kette ausmachen, nichts. Denn das zarte Stück meiner Kette hält nur begrenzt unter solchem Druck. Es spannt und spannt und dann zerreißt es. Spürbar. Manchmal äußert sich das in wildem Zorn, oder in abgrundtiefer Verzweiflung.

Denn das zarte Stück meiner Kette hält nur begrenzt unter solchem Druck. Es spannt und spannt, ich bin ohnmächtig unter diesem Druck, und dann zerreißt es.

Ich erinnere mich an eine Situation, die schon einige Jahre zurückliegt: Als Journalistin habe ich mal für eine Zeitschrift ein Assessment Center organisiert, also ein Auswahlverfahren, extra für uns konzipiert, an dem fünf Kolleginnen und ich als „Kandidatinnen" teilnahmen. Eine andere Kollegin schrieb über unsere Erfahrungen damit. Ich fand das alles anfangs super spannend. Es machte mir Spaß, die einzelnen Übungen mitzumachen. Ja, bis wir an den Punkt kamen, als ein „Stress-Interview" drankam. Wir wurden einzeln in den Gruppenraum gerufen, und ein Psychologe unterhielt sich mit uns über unsere Performance. Ich wurde gefragt: „Sie strengen sich ja wohl überhaupt nicht an, oder? Sie liegen mit Ihren Leistungen weit unter dem Durchschnitt Ihrer Kolleginnen." Fassungslos starrte ich den Mann an. Die Beobachterin erzählte mir hinterher, wie mir regelrecht „das Gesicht entgleist" wäre. Stotternd bemühte ich mich, Fassung zu bewahren, aber die Fassade hielt nicht. Ich fand mich in einer Rechtfertigungsarie wieder, verhedderte mich. Völlig fertig wankte ich anschließend hinaus. Draußen warteten die Kolleginnen: „Erzähl, wie war's?" Ich konnte mich immer noch nicht fassen: „Diese Mistkerle", sagte ich. Vergessen war, dass ich diese Veranstaltung selbst organisiert hatte, dass ich wusste, dass alles nur ein Spiel war, um zu zeigen, wie es in Assessment Centern zugeht. Für mich war für fünf Minuten bitterer Ernst daraus geworden. Ich brauchte einige Zeit, um mich wieder zu beruhigen, meine Fassung wiederzuerlangen. Was war passiert: Ich fühlte mich ungerecht behandelt und verwandelte mich innerhalb von Sekunden von der allwissenden Journalistin zu einem hilflosen Schulkind, das vom Lehrer vorgeführt wurde.

Inzwischen habe ich sehr an der Vervollständigung meiner Gliederkette gearbeitet, das empfindliche Stück ist sicher schon kürzer geworden. Aber ein kleines Teil ist noch da, und wehe, jemand zerrt lange genug daran – nach der ersten Ohnmacht brechen alle Dämme. Also, Leute, reizt mich nicht. Ich garantiere für nichts.

Vorsicht, Zickenalarm!

„Frauen sind das Frühwarnsystem in Unternehmen." Diese Aussage entnahm ich vor kurzem einer Studie über das Führungsverhalten von Frauen. Frauen spürten meistens vor den Männern im Unternehmen, wenn die Stimmung in den Keller ginge, die Unzufriedenheit wachse, das Murren größer werde. Auch ich erlebe immer wieder, dass Frauen sensibler auf Geschehen in Unternehmen reagieren, Missstände deutlicher sehen, vielem kritischer gegenüberstehen als die meisten Kollegen. Und sich das durchaus anmerken lassen. Wobei man anmerken muss, dass dies nicht immer geschätzt wird.

Frühwarnsystem, das heißt auch Alarmanlage oder Sirene. Deren schriller Ton ist bekannt, allein der Gedanke daran löst Gänsehautschauer aus. Liegt es vielleicht auch daran, dass warnende Hinweise von Frauen nicht immer als hilfreich aufgefasst werden, sondern eher als Zickenalarm gelten?

Neulich sprach ich mit einer Assistentin, deren Chef ihr geraten hatte, mal an ihrem Ton etwas zu verändern. „Was stört ihn daran?", fragte ich sie. „Er meint, ich klänge zu despektierlich, ich würde immer nur kritisieren und kein gutes Haar an den Vorgesetzten lassen." „Und, hat er Recht?", fragte ich zurück. Sie wand sich ein wenig und gab dann zu: „Ja, da ist schon was dran. Wenn ich aber auch sehe, was alles so schief läuft in unserem Unternehmen. Führungskräfte sollten doch führen können. Aber was da für Fehler gemacht werden, wie mit den Leuten umgegangen wird! Da kann ich doch nicht den Mund halten."

Man sagt uns Frauen nach, dass wir oft einem Allmachtswahn unterliegen, weil wir meinen, die Welt retten zu können. Wir fühlen uns für alles verantwortlich, für die Stimmung im Büro, die Hungernden in Afrika, die Umwelt und den Weltfrieden. Wir glauben, dass wir in unseren Beziehungen Alkoholiker, Schläger oder Spieler „bekehren" und überhaupt Menschen zum Guten verändern können (dabei bestimmen natürlich wir, was gut ist).

Eigentlich eine schöne Vorstellung. Ich merke selbst, wie zwei Seelen in meiner Brust streiten. Unser soziales Gefüge braucht Menschen, die sich verantwortlich fühlen. Unternehmen profitieren von der Wahrnehmung von Frauen. Und man muss doch ehrlich sagen, was man denkt. Oder? Und doch bleibt es ein schöner Wahn zu glauben, wir könnten Strukturen verändern, weil wir es gut meinen. Vor allem im Job muss man Frauen dringend davor warnen, sich für alles und jedes verantwortlich zu fühlen. Denn in dem Bestreben nach Harmonie stecken zahlreiche Gefahren:

- Wir mischen uns in Dinge ein, die uns nichts angehen.
- Wir lassen uns von anderen „benutzen", stehen am Schluss als die Dummen da.
- Wir regen uns über Entscheidungen auf, die andere fassen und für die andere auch die Verantwortung tragen.
- Wir äußern unsere Meinung unverblümt und kriegen Ärger.

Die unverblümte Ehrlichkeit führt auch dazu, dass wir unsere Beobachtungen und Kritikpunkte manchmal im falschen Ton und am falschen Ort herausposaunen. Wir arbeiten in männlich geprägten Hierarchien, mit ihren eigenen Spielregeln. Eine davon heißt: Kritisiere niemals einen Kollegen oder Vorgesetzten vor anderen. Frauen schaffen es leider immer wieder, diese Spielregel ignorierend, sich beruflich Todfeinde zu schaffen. Gerne in Meetings, vor allen anderen, mit Sätzen wie: „Herr Meier, ich habe Ihre Zahlen nachgeprüft, da stimmt ja gar nichts dran." Oder: „Herr Dr. Müller, Sie zitieren den Kunden falsch. Er hat nicht gesagt ..., sondern ..." In Japan nennen sie so etwas „das Gesicht verlieren". Bei uns würde ich sagen: taktisch unklug. Die Sensibilität ist bei Frauen in dieser Hinsicht mitunter gering ausgeprägt.

> **Vor allem im Job muss man Frauen dringend davor warnen, sich für alles und jedes verantwortlich zu fühlen. Denn in dem Bestreben nach Harmonie stecken zahlreiche Gefahren.**

„Aber ich hatte doch Recht", wundern sich manche Frauen hinterher über die Folgen. Ja, natürlich hatten sie. Mein Herz ist ganz auf ihrer Seite. Doch mein Kopf wehrt sich und wünscht sich, dass Frauen eine Mischung aus Ehrlichkeit und Klugheit hinbekommen, die Schaden von ihnen abwendet. Hier einige Beispiele für Ehrlich-Sätze, die wenig hilfreich sind (und die ich tatsächlich von Frauen gehört habe):

Beispiel 1: „Wie kommt der Chef dazu, das zu genehmigen? Das geht doch gar nicht." – Sagt eine Assistentin zu einer Kollegin, die das natürlich sofort ihrem Vorgesetzten erzählt. Und der ...

Beispiel 2: „Ich spiele kein Golf. Und außerdem habe ich samstags im Haushalt immer so viel zu tun." – Sagt eine Nachwuchsführungskraft, als ihr Chef sie am Wochenende zu einer Runde Golf einlädt.

Beispiel 3: „Nein, ich kann Ihnen nicht den Bericht schreiben. Glauben Sie denn, ich habe sonst nichts zu tun?" – Sagt eine Abteilungssekretärin zu einem Kollegen. „Nu ja, aber wenn es doch so ist?", meinen Sie vielleicht. Hier sind einige Alternativen. Entscheiden Sie, was Sie für klüger halten.

Alternative 1: „Das hat der Chef entschieden. Ist seine Verantwortung." (Loyalität)

Alternative 2: „Ich spiele zwar kein Golf, aber es ist sicher interessant, mit Ihnen mitzugehen. Die Zeit nehme ich mir gerne." (Klugheit)

Alternative 3: „Ich würde Ihnen gern den Bericht schreiben, ich weiß, wie belastet Sie sind. Aber mir geht es ebenso, leider ist mein Kalender heute übervoll." (Charme) Und dies verbunden mit einem (je nach Anlass) strahlenden, mitfühlenden oder warmen Lächeln, da kann doch eigentlich nichts mehr passieren. Zickenalarm – abgeblasen. Weibliche Klugheit – bitte jede Menge!

Frühlingsgefühle

„Frühling lässt sein blaues Band wieder flattern durch die Lüfte, süße unbekannte Düfte streifen ahnungsvoll das Land. Veilchen träumen schon, wollen balde kommen. Horch, von fern, ein leiser Harfenton. Frühling, ja du bist's, dich hab' ich vernommen." Kann man Frühling schöner beschreiben als Eduard Mörike? Und jetzt der Gegenschnitt: „Ich werde noch wahnsinnig. Diese verdammten Vögel. Sobald es draußen etwas heller wird, machen die einen Lärm, dass man nicht mehr schlafen kann. Vor allem die Amseln, du kannst ja das Fenster nicht offen lassen ..." So ein Nachbar neulich wutentbrannt.

Womit wieder einmal bewiesen wäre: Es ist alles eine Sache der Einstellung. Was für den einen der Harfenton, ist für den anderen der blanke Terror. Es ist wie mit dem halbvollen und dem halbleeren Glas. Und das Verrückte daran: Beide haben recht. Wenn ich draußen im Hof vor meinem Schlafzimmer die Amseln schlagen höre, und sie zwitschern wirklich beim ersten Hauch der Morgendämmerung, denke ich immer an Rehren, mein Heimatdorf. An den großen Garten hinter der alten Schule, in der ich aufgewachsen bin. Ich habe sofort den Duft von nasser Erde, Wiese und, eben, Frühling in der Nase. Wenn der letzte Schnee schmolz und die Wiese bei jedem Schritt unterm Gummistiefel einen schmatzenden Ton von sich gab. Wenn sich die ersten Krokusse, die ersten Narzissen durch die Erde schoben. Ich erinnere mich an jeden Quadratzentimeter des kleinen Beetes, das ich für mich selbst anlegen durfte, mit bunten Primeln, Schlüsselblumen und Perlhyazinthen. Und die Freude, wenn ich meiner Mutter ein Sträußchen davon brachte ...

Frühling, das war für uns Kinder die Verheißung: Auf Barfuß laufen und Murmel spielen, auf Rad fahren und Zelten. Wie intensiv die Jahreszeiten damals noch für uns Kinder waren! Heute fällt es mir schwer, mich überhaupt daran zu erinnern, was im letzten Frühling los war. 2003? April? War der schön? Lag da noch Schnee? War ich überhaupt da? Gab es überhaupt einen Frühling letztes Jahr? Ach richtig, da zog ich ja meine ersten Power-Walking-Bahnen an der Isar entlang. Und da haben doch auch die Vögel so wunderbar gezwitschert.

Welch ein Glücksgefühl, erinnere ich mich jetzt. (Sollte ich mal wieder aufnehmen, diese Runden am frühen Morgen.) Allzu gern vergessen wir solche „Kleinigkeiten", die uns kleine Glücksblitze schicken. Und dabei machen sie unser Lebensgefühl aus.

Schauen Sie sich doch mal die Glückskurve Ihres Lebens an. An welche Highlights erinnern Sie sich? Zeichnen Sie sich dafür eine Lebenslinie von Ihrer Geburt bis heute, tragen Sie wichtige Ereignisse Ihres Lebens ein, zusammen mit den Jahreszahlen: Schulabschlüsse, Zeiten der Berufstätigkeit, Jobwechsel, Beförderungen, Umzüge, Verliebtheiten, Zusammenziehen, Kinder, Trennungen, ... Betrachten Sie die Stationen: Was waren die glücklichsten Momente Ihres Lebens? Bewerten Sie die Phasen von 0 bis 10. Schauen Sie sich nun die „Ausreißer" nach oben an. Entdecken Sie Gemeinsamkeiten? Im nächsten Schritt notieren Sie Ihre „Glücklichmacher". Das heißt, analysieren Sie, was damals zu dem Wohlgefühl beigetragen hat. Diese Punkte können Ihnen wichtige Hinweise geben, wovon Sie sich noch mehr in Ihrem Leben gönnen sollten.

> Allzu gern vergessen wir solche „Kleinigkeiten", die uns kleine Glücksblitze schicken. Und dabei machen sie unser Lebensgefühl aus.

Hier das Beispiel einer an sich erfolgreichen Frau, die trotzdem nicht richtig glücklich war, Maria K., 34, kaufmännische Leiterin in einem mittelständischen Unternehmen. Im Coaching zeichnet sie ihre Glückskurve, die Ergebnisse fasst sie folgendermaßen zusammen: „Die glücklichsten Zeiten waren während meines Aufenthalts als Austauschschülerin in England, in meiner Au-pair-Zeit in Paris und zu Beginn meines vorherigen Jobs, vor zirka fünf Jahren." Als ihre „Glücksmacher" notiert sie: Unabhängigkeit, Selbstentscheidung, Abenteuer, Herausforderungen, Spaß, interessante Menschen, Selbstverantwortung. Als sie sich die Liste ansieht, weiß sie, warum sie in ihrem jetzigen Job unglücklich ist: zu viel Routine, zu viel Kontrolle, zu wenig Entscheidungsfreiheit. Ihr Freiheitsdrang und der Wunsch nach Selbstbestimmung leiden darunter, ihre Freude am Entdecken von Neuem liegt brach. Sie beschließt, sich ganz in Ruhe eine andere Stelle zu suchen. Kein Wunder, dass in der Beschreibung ihres Traumjobs die oben beschriebenen Werte ganz vorne stehen.

Glück sollte der Kompass sein, der uns auf unserem Lebensweg führt. Und jeden Glücksmoment sollten wir nicht nur genießen, sondern vermerken, wie einen Schatz in unserer Erinnerungstruhe. Den wir mal rausholen können, wenn die Zeiten etwas stürmischer sind.

Übrigens: Ich habe selbst auch mal ein Gedicht über den April geschrieben. Ich war dreizehn, und es wurde in meiner Heimatzeitung, den „Schaumburger Nachrichten" veröffentlicht. Ich möchte es Ihnen nicht vorenthalten:

Launischer Frühling
Das Wetter ist so unbeständig!
Mal grauer Himmel, Wolken, Wind,
dann wieder schönstes Sommerwetter.
Wir wissen nie, woran wir sind!
Im Garten wachsen Osterglocken
und Primeln und Forsythien schon.
Die Vögel sind zurückgekommen,
es singt und pfeift im höchsten Ton.
Doch plötzlich kommt es kalt von Norden,
und Schnee und Frost bricht noch mal ein.
Die Köpfchen lassen alle hängen,
die Vöglein und die Blümelein.
Doch freut euch Leute, groß und klein,
es muss doch einmal Frühling sein!!!

Na ja, ähm, ein bisschen viele Ausrufezeichen. Aber sonst, eigentlich gar nicht so schlecht. Fast schon ein echter Asgodom, finden Sie nicht?

Gehören Sie auch zur Spießer-Avantgarde?

Neulich wurde es mir mal wieder glockenklar: Ich bin ein Spießer. Oh, wie schämte ich mich. Aber dann raffte ich mich zusammen: Ach was, ich gehöre zur Spießer-Avantgarde! Was, Sie haben den Ausdruck noch nie gehört? Lassen Sie mich ihn erklären: Die Spießer-Avantgarde trägt das, was ihr gefällt; richtet ihre Küchen so ein, dass sie sich darin wohlfühlt; und wählt den Farbton ihres Autos nach ihrem Gemütszustand.

Sie sind für Mode und Werbung leider total verloren. Rettungslos altmodisch. Eben total spießig. Aber alle fünf bis acht Jahre geschieht etwas Aufsehenerregendes: Plötzlich gehören diese Menschen zur Avantgarde.

Die einen, weil sie seit Jahren ein mintgrünes Auto fahren, und plötzlich ist Mintgrün der Renner! Die anderen, weil sie ihre kuschelige Holzküche nie gegen Chrom und Stahl ausgetauscht haben, und plötzlich jubeln die Einrichtungsmagazine: Holz, ganz kuschelig, liegt wieder im Trend. Und ihre Freunde können es nicht fassen, dass ausgerechnet dieses Langweiler-Paar Veronika und Werner dem Trend voraus war ...

Wiederum andere tragen seit Jahren schwarze Stoffhosen mit Bügelfalte. Und wurden von allen bauchfreien „Hip-Jeans"-Trägerinnen bemitleidet, „oh, was für 'ne fiese Stoffhose". Und, ei der Daus!, sind plötzlich schwarze Stoffhosen mit messerscharfer Bügelfalte der letzte Renner. Also, verstehen Sie jetzt, warum ich seit Jahren zur Spießer-Avantgarde gehöre? Zur Riege der Wertkonservativen? Sagen wir es ruhig laut: der Langweiler?

Und wie schaut es mit Ihnen aus? Auf welchem Gebiet sind Sie der Oberlangweiler (vier bis acht Jahre lang jedenfalls)? Haben Sie vielleicht auch ein Aquarium in Ihrem Wohnzimmer? Mit Black Mollys und Guppys und wie diese Fischlein alle heißen? Und zwei Schnecken und ein bisschen Grünzeug? Aber erinnern Sie sich noch an diesen angewiderten Blick Ihrer neuen Nachbarn, als Sie die vor zwei Jahren das erste Mal zum Kaffee eingeladen haben, an dieses pikierte Naserümpfen beim Anblick Ihrer Unterwasserwelt im Lego-Format?

Da konnte Ihr russischer Zupfkuchen auch nicht gegen anstinken, geben Sie es ruhig zu. Die dicke Freundschaft wurde das nicht. Aber schwups, kaum wartest du mal wieder fünf Jahre, sind Aquarien total in: „Hey, du, wenn ich davor sitze, und diese Gelassenheit erlebe, du, da fühle ich mich gleich besser und irgendwie aufgehoben in dieser Welt. Ist fast wie Meditation ..." Nemo lässt grüßen. Und die Nachbarn fragen plötzlich nach der besten Pumpe ...

Natürlich gibt es auch Spießer im Job. Diese langweiligen Menschen, die immer noch daran glauben, dass sie nur durch ihrer eigenen Hände Arbeit einen kleinen Wohlstand anhäufen könnten. Erinnern Sie sich an den Aktien-Wahn? Und wie mitleidig Ihre Kollegen Sie angesehen haben, als Sie zugeben mussten, dass Ihr „Portfolio" aus ein paar Fondsanteilen der örtlichen Sparkasse bestand? Was, keine Optionsscheine? Nicht mal Telekom???

Während die anderen an der Börse zockten und Ihnen klar machen wollten, warum nur noch High-Tech, („Du, kleiner Insidertipp, ich sag's dir im Vertrauen, diese kleine, innovative Firma in Wuppertal, also, ich kenne da jemanden, da kannste Millionen machen!"), also warum nur noch High-Tech und sonst gar nichts „angesagt" war, absolvierten Sie in zwölf Monaten Ihren Chef-Assistentinnen-Kurs. Oh, Ihnen fehlte einfach die Zukunftsfantasie. Wie spießig.

Während andere an der Börse zockten, absolvierten Sie Ihren Chef-Assistentinnen-Kurs. Wie spießig! Doch die Zeiten haben sich gewandelt – heute gelten Sie als ziemlich schlau.

Früher hatte man in der Kantine die letzten Meldungen über das Verhältnis des Prokuristen mit der „na du weißt schon ..." besprochen. Oder über den Rausschmiss von Herrn Direktor Müller geunkt. Aber irgendwann gab es nur noch dieses eine Thema: der sichere Reichtum. Während die anderen Prospekte mit Villen „zum Schnäppchenpreis" in der Südsee durchblätterten, erzählten Sie, wie Sie Ihrer Schwester am Wochenende wieder beim Ausbau des Dachzimmers in ihrem kleinen Reihenhaus geholfen haben. Gott, wie spießig. Die Zeiten haben sich auch hier gewandelt. Sie gelten inzwischen als ziemlich schlau, dass Sie das alles „vorausgesehen" haben. Mancher Börsencrack wäre froh, wenn er noch sein Reihenhaus hätte. Genießen Sie diese Zeit, bald werden Sie wieder überholt sein.

„Willst du nicht mit 50 aufhören zu arbeiten?", wurde ich damals oft gefragt. „Nee, warum?", fragte ich dann ganz naiv zurück. „Mir macht meine Arbeit doch Spaß." – „Träumst du nicht von einer Finca in Andalusien?" „Um Himmels willen, nein. Ich lebe gern hier." Oh Gott, wie oberspießig!!!

Um ehrlich zu sein: Ich kam mir in den letzten Jahren manchmal etwas einsam vor, wenn ich die hippen, modischen, durchgestylten Menschen um mich herum sah. – Aber dann: „Spießig ist riesig!", hörte ich vor kurzem den bayerischen Kabarettisten Gerhard Polt im Radio sagen. „Spießig ist riesig"? Na ja, reimt sich nicht wirklich, aber was für eine plötzliche Erleichterung. Was für eine Absolution. Ja, ich darf meine bequemen Halbschuhe tragen und muss sie nicht gegen pinkfarbene High Heels tauschen. Ich darf es schön finden, mit meinen Kindern Karten zu spielen, einfach so zu Hause, ganz gemütlich. Ich darf die Insel Juist schön finden und sogar dort Urlaub machen. Juchhu! Und deshalb rufe ich Ihnen zu: „Spießig ist riesig! Reihen Sie sich ein in die Spießer-Avantgarde. Erleben Sie das Glücksgefühl, alle fünf bis acht Jahre zu den Trendsettern zu gehören, wenn auch nur für eine Saison. Und machen Sie doch sonst einfach, was Sie wollen!"

Hingabe – die Kunst, glücklich zu arbeiten

Gerade habe ich die Arbeit an einem Buch zum Thema Gelassenheit beendet. Eines der Kapitel trägt die Überschrift „Hingabe". Hingabe ist vielleicht im Moment unter den Managementmoden nicht „angesagt", aber ich bin sicher, dass uns dieses Thema die nächsten Jahre beschäftigen wird. Nur mit Hingabe sind Ideen zu kreieren, Erfindungen zu machen, Menschen zu begeistern. Und das hat nichts mit Altruismus zu tun. Denn: Hingabe lohnt sich! Wenn ich der Welt etwas gebe, dann gibt sie mir auch etwas zurück. Wenn ich mich auf Menschen einlasse, dann entstehen energiereiche Beziehungen.

Was hat jetzt Hingabe mit dem Beruf zu tun? – Die große Marlene Dietrich hat mal gesagt: „Ich bin ungeduldig mit Menschen, die ihren Job nicht beherrschen. Was man arbeitet, sollte man beherrschen, sonst sollte man nach Hause gehen und etwas anderes tun." Wie oft denke ich an den Satz, wenn ich Menschen begegne, die ihren Beruf offensichtlich hassen oder er sie unendlich langweilt. Und wie inspirierend sind auf der anderen Seite Menschen, die ihren Beruf mit Hingabe ausüben:

Verkäufer/-innen, die uns mit Begeisterung helfen, das Richtige zu finden, gut informiert, sachkompetent und freundlich. Und die nicht das Gesicht verziehen, wenn sie zum dritten Mal ins Lager gehen müssen, um uns etwas zu holen. Kellner/-innen, denen es Spaß macht, uns zu verwöhnen, denen kein Weg zu viel wird. Da reut mich hinterher an der Rechnung kein Euro. Ärzte/Ärztinnen, die uns nicht das Gefühl geben, Patient Nummer 1478 zu sein, sondern der wichtigste Mensch auf der Welt in diesem Augenblick. Die uns tatsächlich zuhören und uns nicht vorrechnen, was sie das jetzt wieder kostet ...

Solche Menschen gibt es, und es macht Freude, sie bei der Arbeit zu erleben. Ich sprach mit einer Freundin über diese Art, seine Arbeit zu erledigen. Skeptisch meinte sie: „Leider hat die Verkäuferin nichts davon, wenn sie mit ihrer Freundlichkeit mehr Umsatz macht." Ich widersprach: „Doch sie hat etwas davon, Zufriedenheit, das Gefühl, gut zu sein, nette Gespräche, das Fehlen von Langeweile und Frust. Sie ist ein glücklicher Mensch."

Hingabe ist eben mehr als die Aussicht, Geld zu verdienen (wobei ich finde, dass Verkäuferinnen ruhig am Umsatz beteiligt werden sollten). Was zeichnet Hingabe im Beruf aus:

- Sinn in meinem Tun entdecken;
- das machen, was ich gerne mache;
- die Menschen mögen, mit denen ich zu tun habe;
- den Ehrgeiz entwickeln, beste Ergebnisse zu liefern;
- der Wunsch, etwas Besonderes zu schaffen;
- meine Energie einzusetzen;
- Verantwortung für meine Arbeit zu übernehmen.

Wenn ich meinen Job mit Hingabe mache, dann übernehme ich Verantwortung für das, was ich tue. Dann entschließe ich mich, aus jedem Tag das Beste zu machen. Man sagt, dass man in den „Flow" kommt, wenn man sich in einer Aufgabe zeitweise verliert. Wenn du wieder auftauchst, hast du völlig die Zeit vergessen. Ich bin überzeugt, dass „Flow" an Hingabe gebunden ist.

Ich habe beobachtet, dass die Fähigkeit zur Hingabe nichts mit der vermeintlichen Attraktivität oder dem Status der Arbeit zu tun hat. Oder wie mir mal ein sehr erfolgreicher Geschäftsführer eines großen Unternehmens über sein Engagement gesagt hat: „Wenn die sagen würden, ab morgen bist du der Parkplatzwächter in diesem Unternehmen. Dann würde ich aus diesem Parkplatz den fantastischsten Parkplatz der Welt machen." Das ist Hingabe.

> **Wie inspirierend sind Menschen, die ihren Beruf mit Hingabe ausüben ... Kellner/-innen, denen es Spaß macht, uns zu verwöhnen, denen kein Weg zu viel wird. Da reut mich hinterher an der Rechnung kein Euro.**

Sie erinnern sich vielleicht noch an Tom Sawyer, die Buchfigur von Mark Twain? Ich denke an die Stelle, wo der Bursche von seiner Tante den Auftrag bekommt, den Zaun zu streichen, obwohl er sich viel lieber mit seinen Kumpels getroffen hätte. Und wie er es schafft, aus dieser Strafarbeit eine Ehre zu machen, er „verkauft" diese Arbeit mit so viel Hingabe, dass seine Freunde ihm sogar Geld dafür zahlen, dass sie auch einen Teil des Zaunes streichen dürfen. Eindrucksvoll.

Wenden wir uns der Schattenseite von Hingabe zu. Gibt es die? Auf jeden Fall fürchten viele Menschen sie. Sie möchten nicht zu viel „Herzblut" in eine

Sache stecken, weil man ja nicht weiß, wie es weitergeht. Oder sie haben Angst, dass die anderen sie als Streber beschimpfen. In einem Bericht in der Zeitschrift „Psychologie heute" las ich neulich über das Phänomen des Strebers: „Doch warum ist Leistung als solche in Deutschland sozial so unbeliebt? Vielleicht deshalb, weil man durch Leistung aus der Masse der anderen herausragt. Dies war in Deutschland spätestens seit dem Erstarken Preußens nicht beliebt ..." – Ich weiß von vielen Menschen, dass sie Angst haben, sich zu stark zu engagieren und sich damit aus der Masse abzuheben. „Die anderen denken dann vielleicht, ich will mich beim Chef Lieb-Kind machen. Oder mich einschleimen." Und sie haben Recht. Genau solche Reaktionen kann man in Unternehmen beobachten.

Müssen wir uns deshalb unsere Hingabe fürs Hobby aufheben, oder für den Haushalt? „The world is too round to sit silently in the corner", diesen Spruch fand eine Seminarteilnehmerin neulich auf dem Frühstücksei ihres Hotels. Ja, die Welt ist zu rund, um still in der Ecke zu sitzen, um sich zu bescheiden, zu beherrschen. Wir haben unsere Fähigkeiten und Talente bekommen, um sie auszuleben, uns auszuprobieren. Das Leben ist zu kurz, um mit gebremstem Schaum hindurchzueiern.

Das lustvolle Leiden am Lob

Wollen Sie, dass sich eine Frau mal so richtig mies fühlt? Dann brauchen Sie ihr nur ein Kompliment zu machen. Sagen Sie ihr, dass ihre Power-Präsentation hervorragend war. Sagen Sie ihr, dass Sie umwerfend aussieht. Sagen Sie ihr, dass sie eine begnadete Mitarbeiterin ist. Was, ich übertreibe? Na, dann hören Sie sich einmal an, was Frauen auf Lob und Komplimente antworten:

- War ganz billig (Klamotten)
- Ist schon uralt (dito)
- War ganz einfach (gute Arbeit)
- War doch nichts Besonderes (dito)
- Zufall (Erfolg)
- Glück gehabt (dito)

Und das sind die harmlosen Antworten. Mir antwortete einmal eine Kollegin, die ich auf ihr todschickes Kostüm ansprach, mit einem Schmollmund: „Nee, ich weiß nicht, ich finde, ich habe in diesem Rock so einen Fettsteiß!" und deutete auf ihr Größe-34-Röckchen. Klatsch. Warum tun Frauen das, ähem, warum tun wir das? Ich will mich gar nicht ausschließen. Auch ich stolpere manchmal über ein Kompliment. Meine Mitarbeiterin, Frau Jonza, hörte einmal fassungslos zu, als ich am Telefon ein überschwängliches Lob über einen Vortrag mit den Worten quittierte: „Ach, wissen Sie, ich bin auch nicht immer gleich gut. Neulich hatte ich ein Seminar, dass ist nicht so gut gelaufen ..." Sie drohte mir geotenreich, mir den Hals umzudrehen, wenn ich nicht sofort aufhöre. Warum also tun wir das? Warum können viele mit Lob so schlecht umgehen? Ich habe sechs Ursachen dafür herausgefunden:

1. Diskrepanz zwischen Fremdbild und Eigenbild. Wir schätzen an Leistung oft nur das, was uns wirklich schwer fällt. Alles, was uns leicht von der Hand geht, ist ja „nichts Besonderes". Finden wir es beispielsweise supereasy, in kürzester Zeit ein Dutzend Charts zu erstellen, können wir nicht verstehen, warum die anderen so ein Aufhebens darum machen. Wir erken-

nen nicht, dass wir eine besondere Gabe haben, egal, ob es darum geht, eine Bilanz zu erstellen oder mit schwierigen Kunden umzugehen. Die amerikanische Lebensberaterin Martha Beck hat einmal geschrieben: „Immer wenn du sagst, das ist doch ganz einfach, bist du deinem Talent am nächsten." Erst wenn wir unsere Talente anerkennen, verstehen wir, warum andere sich davor in Ehrfurcht verneigen.

2. Lob vom Falschen. Das Lob an sich wäre ja ganz nett gewesen, aber der Falsche sagt es. Es ist ein Phänomen: Bekommen wir die Anerkennung von jemandem, den wir nicht besonders schätzen, wird das Lob fast zur Beleidigung. Unsere negativen Emotionen fließen in das Lob ein und machen es bitter. Wie schade. Wir sollten unser Menschenbild einmal überprüfen: Warum gönnen wir dem anderen nicht einmal, uns loben zu dürfen? Werden wir täglich so mit Anerkennung überhäuft, dass wir uns diesen „Luxus" leisten können?

3. Die Perfektionsfalle. Viele Frauen setzen nicht nur 100 Prozent bei der Erwartung ihrer eigenen Leistungen an, sondern mindestens 150 Prozent. Und sind dadurch natürlich niemals zufrieden mit dem Ergebnis. Diese Unzufriedenheit macht es unmöglich, ein Lob von außen zu genießen. Überprüfen Sie Ihren Perfektionsspegel. Steigern Sie Ihre passive Lobesfähigkeit. Setzen Sie Ihre Leistung in Relation zu der von anderen. Schneiden Sie wirklich so schlecht ab, wie Ihre innere Kritikerin Ihnen einredet?

Die beste Antwort auf ein Lob ist ein einfaches „Danke" mit einem strahlenden Lächeln dazu. Damit geben Sie einen Teil der Wertschätzung an den Geber zurück.

---

4. Das Hochstaplersyndrom. Es äußerst sich in Gedanken wie: „Irgendwann werden die anderen merken, dass ich das doch gar nicht kann, was ich hier tue!" Ihnen ist dieser Gedanke völlig fremd? Prima. Sie kennen diese Überlegung? Willkommen im Club. Zirka 25 Prozent aller erfolgreichen Frauen leiden nach einer englischen Studie unter dem Hochstaplersyndrom, bei Männern ist die Quote wesentlich niedriger (seltsamerweise). Auch hier stecken massive Selbstzweifel dahinter. Wer bin ich schon? Was kann ich schon? Was hilft: ein Leistungstagebuch führen, vier Wochen reichen oft. Notieren Sie jeden Abend: Was habe ich heute gut geschafft? Was ist mir gut gelungen? Wie habe ich meine/n Chef/in, die Kollegen unterstützt? Was hat mir heute Spaß gemacht?

5. Angst vor den Folgen. Wir alle kennen das, nicht immer wird ein Lob völlig eigennützig ausgesprochen. Und das macht uns misstrauisch: Was will der/die von mir? Bekomme ich gleich zusätzliche Arbeit auf den Tisch geknallt, muss ich ihm/ihr dafür einen Gefallen tun? Sie sehen, es ist vor allem das Problem, wie wir reagieren und ob wir sehr wach „Nein" sagen können. Genießen Sie einfach das Lob, und entwickeln Sie Ihr Schleimer-Barometer: Ab wann wird's gefährlich? Wo muss ich aufpassen?

6. Angst vor Neid. Manchmal stört die Angst, dass die Kolleginnen es uns spüren lassen werden, wenn wir zu viel öffentliches Lob bekommen. Wir fürchten, als arrogante Zicke dazustehen, wenn wir nicht jedes Lob gleich wieder relativieren. Sie kennen vielleicht das Sprichwort: „Neid muss man sich verdienen, Mitleid kriegt man geschenkt." Die Frage ist: Wer wollen Sie sein: der siebte Zwerg oder die Königin?

Hier zum Schluss ein paar Antworten, die Sie nie wieder sagen – versprochen?

„Ach, war doch nichts Besonderes."
„Ach, ausgerechnet Sie wollen das beurteilen können!?"
„Haben Sie nicht gemerkt, wie aufgeregt ich war?"
„Also, ich war gar nicht zufrieden!"

Die beste Antwort auf ein Lob ist ein einfaches „Danke" mit einem strahlenden Lächeln dazu. Damit geben Sie einen Teil der Wertschätzung, die Sie gerade bekommen haben, an den Geber zurück. Das macht Mut zur Wiederholung!

Die Sekretariatsolympiade – dabei sein ist alles!

Liebe Zuhörer und Zuhörerinnen, Sie hören eine Live-Reportage von den ersten Olympischen Spielen der Neuzeit im Office. Wir schalten direkt nach Athen. Hallo, Michaela Mutig in Athen?

Willkommen, liebe Zuhörerinnen, hier bei uns in Athen. Willkommen zu den ersten Olympischen Spielen im Sekretariat. Tausende von wackeren Sekretärinnen und Assistentinnen haben sich hier zusammen gefunden, um die Besten zu küren. Die Stimmung ist sportlich-freundschaftlich. Das Motto heißt: Dabeisein ist alles.

Monatelang haben die Teilnehmerinnen für diese ersten Office-Spiele trainiert. Sie haben harte Entbehrungen auf sich genommen, jede freie Minute investiert, um hier unter die drei Besten zu kommen. Zum allerersten Mal werden sie hier im gerade noch rechtzeitig fertig gestellten Olympischen Stadion ihren Fünfkampf austragen. Die Sportlerinnen kommen aus 123 Ländern, auch so exotische Staaten wie Tonga und Swasiland sind mit jeweils einer Athletin vertreten. Manche sind durch traditionelle Gewänder etwas in ihrer Bewegungsfreiheit eingeschränkt. Die deutschen Teilnehmerinnen kämpfen zum Beispiel noch in engen Kostümröcken und hochhackigen Pumps mit der Standfestigkeit auf der roten Tartanbahn, deren Erbauer mit Entsetzen auf das folgenreiche Geschehen blicken.

Doch nun richten sich alle Blicke auf den Start. Erste Disziplin des Fünfkampfs ist das Ablage-Weitwerfen, eine sehr beliebte Disziplin bei den meisten Athletinnen. Ihren ganzen Frust schreien sie hinaus, wenn sie die – selbstverständlich vom Olympischen Komitee genormten – Aktenordner über den frisch angesäten Rasen des Olympiastadions pfeffern. Als nächste Werferin sehen wir Brigitta Meyer aus Dreieich, vom Verein „Wir-sind-die-Größten", der erst vor kurzem eine Damenabteilung eingerichtet hat. Brigitta Meyer schiebt ihren dunkelblauen Rock bis fast auf die Hüfte, nimmt Anlauf, dreht sich jetzt einmal um ihre eigene Achse und schmettert den Ordner mit einem, ja man könnte sagen, Urschrei ins weite Stadionrund. Alle halten die Luft an, das war ein Mordswurf. 68 Meter! Ja, ja, ja! Das ist Weltrekord! Das ist die Spitzenposition!

Brigitta Meyer springt wie erlöst in die Luft, lacht, schluchzt haltlos. Ja, sie ist sie los, diese dämliche Ablage. Ein Ordner kommt und will sie ihr wieder in die Hand drücken. Aber sie verzichtet auf den zweiten Durchgang, läuft davon, schüttelt den Ordner mit dem Ordner ab und dreht mit erhobenen Armen, ihre Freiheit feiernd, unter dem frenetischen Beifall der Kolleginnen eine Ehrenrunde.

Doch jetzt kommen wir zur zweiten Disziplin, dem Kollegen-Zurecht-Stoßen. Diese Übung ist bei Experten nicht ganz unumstritten. Kommt es doch bei den Zurechtzustoßenden immer wieder zu blauen Flecken und anderen Blessuren. Aber die sportlichen Mädels haben sich durchgesetzt. Die erste beginnt, rennt mit einem Schaumstoffschläger bewaffnet auf eine Reihe von freiwilligen Statisten zu und haut unter wüsten Flüchen auf die Wartenden ein. Ich versuche mal, einige Sätze aufzuschnappen: „Druckerpatrone alle? Ach ja, Druckerpatrone alle? Wechsel sie doch selbst, du Weichei." „Kaffee? Kaffee? Ich werde dich lehren, um Kaffee zu wimmern!" „Schalt doch dein Telefon auf den Papst um, du Hannes!"

Willkommen, liebe Zuhörerinnen, hier bei uns in Athen. Willkommen zu den ersten Olympischen Spielen im Sekretariat. Tausende von wackeren Sekretärinnen und Assistentinnen haben sich hier zusammengefunden, um die Besten zu küren. Die Stimmung ist sportlich-freundschaftlich. Das Moto heißt: Dabeisein ist alles.

Also, ich weiß nicht, ich bin schockiert. Meiner Meinung nach gehört diese Disziplin zu den unweiblichsten der Spiele. Auch wenn ich mich einer geheimen Erregung nicht erwehren kann, wie ich gerade merke. Jaaaa, brat ihm eine über! Los! Hau ihn um!!! Verzupf dich mit deiner Reisekostenabrechnung... Äh, Entschuldigung. Die letzte Reihe der Statisten hat fluchtartig das Stadion verlassen. Den Wettbewerb beschließt die tschechische Fünfkämpferin Yolanta Nedved mit 274 Punkten als erste. Es wird schwer werden für die deutschen Damen.

Doch im nächsten, dem dritten Wettbewerb, haben sie eine Chance aufzuholen. Der Auftrags-Dreisprung beginnt gerade in der Sandgrube vor der Haupttribüne. Auf der Tribüne sitzen erfahren Vorgesetzte, die alle gleichzeitig den

Damen Aufträge zubrüllen. Ziel ist: drei Aufträge in einer Minute zu erledigen. Die besondere Schwierigkeit ist, dass sich viele Aufträge direkt widersprechen. Doch das bereitet den meisten Athletinnen erstaunlicherweise überhaupt keine Schwierigkeiten. Sie springen im Dreieck, erledigen Telefonate und E-Mails, nähen Knöpfe an und organisieren Vertriebskonferenzen, drucken gleichzeitig Reisepläne und Powerpointpräsentationen. Das lustige Treiben dort unten lässt fast vergessen, dass wir hier sportliche Höchstleistungen zu sehen bekommen. Wir sind gespannt auf das Ergebnis. Erster Platz für Ruth Ruppig aus Remscheid! Ja, sie hat es geschafft, mit 444 Punkten hat sie eine neue Jahresbestleistung aufgestellt.

Doch es bleibt nicht viel Zeit zum Feiern. Es geht weiter zur vierten Disziplin, zum Schlechte-Stimmung-Auffangen. Die Teilnehmerinnen sind mit Netzen ausgestattet, die wie überdimensionierte Schmetterlingsnetze aussehen. Aus einer Wurfmaschine unterm Stadiondach fallen in unregelmäßigen Abständen Wasserballons, die rechtzeitig aufgefangen werden müssen, weil sie sonst jeweils eine Strafrunde bedeuten. Die Teilnehmerinnen springen hin und her, hechten nach Ballons, ja schmeißen sich in die Bresche. Ab und zu fällt eine dabei auf die Nase. Doch sie schaffen es immer wieder, sich aufzurappeln und mit einem Lächeln den nächsten Ballon anzusteuern.

Die ersten starten schon zur Strafrunde, kämpfen sich mit letzter Kraft über die Ziellinie. Es ist ein knapper Ausgang. Erst das Zielfoto wird entscheiden. Gespannt warten wir auf die Entscheidung der Jury. Jetzt ist sie da: Louise Armagnac aus Paris ist Erste. Sie hat am charmantesten gelächelt, als sie sich pitschnass ins Ziel warf. Und Ruth Ruppig ist Zweite. Sie hat ihre Chance gewahrt. Für die Favoritin Brigitta Meyer, mit Vorschusslorbeeren überhäuft, reicht es nur zum dritten Platz. Aber es ist ja noch nicht aller Tage Abend.

Allerdings schon später Nachmittag. Die Athletinnen schleppen sich zum Karriere-Hindernislauf, der Königsdisziplin der Office-Fünfkämpferinnen. Hier werden sie noch einmal richtig gefordert. Sie lachen nur über die hüfthohen Hürden, über die andere olympische Sportler hüpfen müssen. Die Hürden in dieser Mörderdisziplin, so möchte ich es einmal dramatisch sagen, sind zwei Meter hoch und gleichen eher einer Sprungwand auf einem militärischen Übungsplatz. Was hier zählt ist Teamwork, Teamwork, Teamwork. Alleine, das wissen alle Athletinnen genau, haben sie hier keine Chance.

Eine enorme Herausforderung für die Damen, die doch eher die klassischen Einzelkämpferinnen sind. Absprachen vor dem Rennen waren verboten, und so müssen sie gleich nach dem Start ganz spontan Unterstützergruppen bilden, um die übermannshohen, äh, überfraushohen? ach, egal, also um über diese blöden Bretterzäume zu gelangen.

Wir sehen Ruth Ruppig zusammen mit Maria Gonzales aus Cuba und Mette Hakonnen aus Norwegen eine so genannte Räuberleiter bilden. Geschickt lupfen die beiden die deutsche Läuferin auf die Hürde. Aber was macht Ruth Ruppig? Statt die anderen hinaufzuziehen, springt sie hinab und läuft weiter. Ein Foul, ein grobes Foul, das sich bestimmt bitter rächen wird. Die Menge pfeift.

Ganz anders Brigitta Meyer, sie bildet ein lockeres Netzwerk mit Läuferinnen aus acht verschiedenen Ländern. Sie bauen blitzschnell vor jeder Hürde eine Menschenpyramide auf, schwingen sich hinüber und lassen sich auf der anderen Seite hinabgleiten. Wie elegant. Sie laufen weiter, was für ein Bild, gemeinsam, Hand in Hand, zur nächsten Hürde, das gleiche Spiel. Dieser Gleichklang der Bewegungen, diese Harmonie der Leiber! Liebe Zuhörerinnnen, wenn Sie das sehen könnten! Ein Fest der Freude, ein Sieg des Gemeinsinns über die Eitelkeit. Jetzt überrunden sie schon die ersten Teilnehmerinnen, die immer noch verzweifelt versuchen, ihre künstlichen Fingernägel ins Holz zu schlagen, um alleine die Barriere zu überwinden.

Das Netzwerk um Brigitte Meyer nähert sich der Zielgeraden, sie laufen lachend die letzten hundert Meter, erreichen Brust an Brust die Ziellinie. Fallen sich in die Arme. Fühlen sich mit Recht als Siegerinnen.

Kleine Anmerkung am Schluss, durch ihre bessere Ausgangslage aus den vorhergegangenen Disziplinen hat es Brigitte Meyer geschafft: Sie hat den ersten olympischen Office-Fünfkampf gewonnen. Gratulation!

Wer lächelt, lebt länger

Haben Sie im Büro schon einmal richtig geschrien, sodass die Kollegen zusammenliefen und Sie tagelang Mittelpunkt des Flurfunks waren? War das so ein Schrei, der Tarzan alle Ehre gemacht und jeden Löwen in die Flucht geschlagen hätte? Haben Sie sich vor Ihrer eigenen Stimme, Ihrer ungeheuren Wut selbst erschrocken? Gut so! Einmal können Sie sich das leisten, keine Angst. Aber heben Sie sich dieses Erlebnis für besondere Gelegenheiten auf, damit der Effekt gesichert ist.

Ansonsten gilt die Erkenntnis: Wer lächelt, lebt länger. Das gilt für die eigene Ausgeglichenheit wie für das Image im Unternehmen. Dabei heißt lächeln beileibe nicht immer nur, „Ja, Herr Lehrer" zu sagen oder sich zum DVD zu machen, wie es neulich eine Kollegin nannte (DVD = Depp vom Dienst).

Eine Studie der Universität Amsterdam hat kürzlich ergeben, dass das heftige Ablassen von Ärger gegenüber Vorgesetzten, Kollegen oder Geschäftspartnern überwiegend negative Effekte hat. Das Ansehen sinkt, genauso wie die Akzeptanz. Nur Fremden gegenüber, zum Beispiel bei Verkaufsverhandlungen, kann man sich einen Ausraster leisten: „Sie wollen mich wohl übers Ohr hauen? Unverschämtheit!" kann manchen Preisvorteil bringen.

Doch zurück ins Büro. Was tun, wenn sich jemand auf unsere Kosten profiliert, uns kränkt oder gar demütigt? Manche tun es aus Dummheit, andere aus Unachtsamkeit, manche sind neidisch auf uns oder haben Angst vor unserer Power. Manche wissen gar nicht, dass sie uns im Innersten treffen, andere wollen uns bewusst kränken, andere probieren einfach mal aus, wie weit sie gehen können. In die Falle tappen wir, wenn wir uns, vor allem vor anderen, auf das Spielchen einlassen; unsere Fassung verlieren, uns ins Unrecht setzen, uns rechtfertigen und mit überschnappender Stimme über die bösen, bösen Angriffe klagen.

Viel wirkungsvoller ist die „Smilie-Strategie", die ich exklusiv für Sie zusammengestellt habe. Sie umfasst wie ein gut sortierter Werkzeugkoffer eine ganze Sammlung von wirkungsvollem Handwerkszeug. Darunter sind die verschiedensten Möglichkeiten zu lächeln – nachsichtig, maliziös, tapfer, zuckersüß, harmlos, diabolisch, messerscharf oder unerbittlich. Keine Bange, Sie werden nicht als Laschi oder Einlenkerin enden. Im Gegenteil: Sie verschaffen sich mehr Respekt im Unternehmen. Und: Wenn Sie trotz Ärgers ein Lächeln hinbekommen, senken Sie automatisch Ihren Adrenalinspiegel, vermeiden unschöne Stressfolgen wie Falten oder Karriereknicks. Hier die einzelnen Werkzeuge:

1. **Abtropfen lassen.** Ein Kollege sagt zu Ihnen während eines Projektmeetings: „Dass Sie das als Frau so sehen, war mir ja klar." Was tun? Statt ihm mit den Fingernägeln durchs Gesicht zu fahren, legen Sie einen gekonnten Augenaufschlag hin und fragen Sie ihn lächelnd: „Wie meinen Sie das?" Er wird noch einmal ansetzen, beispielsweise: „Immer gehen Sie so emotional an die Sachen heran." Sie lächeln und fragen wieder: „Ich verstehe nicht, können Sie Ihre Aussage konkretisieren?" Und Sie fragen harmlos lächelnd weiter, bis der andere verunsichert aufgibt: „Ach, vergessen Sie's!" Grins.

2. **Ich-Botschaften senden.** Ein Vorgesetzter hat Sie vor Kunden oder Kollegen bloßgestellt und Sie sind gekränkt. Statt heulend hinauszulaufen, zwingen Sie sich zu einem tapferen Lächeln (es muss kein strahlendes Miss-Germany-Lächeln sein). Statt einzuschnappen oder sich provozieren zu lassen, vermeiden Sie die Eskalation (keine Angst, er kommt nicht ungeschoren davon) und suchen später die Gelegenheit für ein Vier-Augen-Gespräch. Sagen Sie zu Beginn schlicht: „Es hat mich verletzt, dass Sie mich vorhin vor den Kunden so runtergeputzt haben." Ihr Vorgesetzter wird a) erstaunt sein, er hat das gar nicht gemerkt; b) verwirrt sein, er hat das gar nicht so gemeint, oder c) zerknirscht sein, er entschuldigt sich. Egal, wie die Reaktion ist, er weiß, dass Sie sein Verhalten nicht hinnehmen. Am wichtigsten aber ist, dass Sie Ihren Gram los werden und die Verletzung nicht ewig mit sich herumtragen. Damit Sie morgen wieder lächeln können. Grins.

Viel wirkungsvoller als die Fassung zu verlieren, ist die „Smilie-Strategie". Sie umfasst wie ein gut sortierter Werkzeugkoffer eine ganze Sammlung von wirkungsvollem Handwerkszeug. Darunter sind die verschiedensten Möglichkeiten zu lächeln – nachsichtig, maliziös, tapfer, zuckersüß, harmlos, diabolisch, messerscharf oder unerbittlich.

---

3. **Klarheit schaffen.** Eine Kollegin fällt Ihnen vor der Abteilung in den Rücken. Statt sich mit ihr vor allen und zur Freude mancher ein Zickenduell zu

liefern, überhören Sie ihre Provokation und versuchen sachlich zu bleiben. Am nächsten Tag greifen Sie sich die Dame in einer ruhigen Minute, sehen ihr gerade in die Augen, lächeln sie eiskalt an (Sie können dieses Lächeln, da bin ich mir sicher, schauen Sie mal in den Spiegel. Wenn nicht, müssen Sie eben üben. Stellen Sie sich vor, Sie sind das eiskalte Bondgirl, ziehen Sie die Augenbrauen eine Spur nach oben, entblößen Sie Ihre Zähne, üben Sie diesen Blick), und sagen Sie mit gefährlich ruhiger, fester Stimme ganz langsam: „Ich möchte nicht, dass du mich noch ein einziges Mal vor den Kollegen so von der Seite anredest. Hast du das verstanden?" Stoßen Sie keine Drohungen aus, gehen Sie lächelnd aus dem Zimmer, das wird genügen. Zuckersüßes Grinsen.

4. Sachlichkeit einfordern. Während eines Meetings geraten Sie mit einem Kollegen über einen Vorschlag in Streit. Er wird plötzlich ausfallend: „Was verstehen Sie denn davon, Sie haben ja noch nicht einmal Ihre eigenen Aufgaben im Griff." Jetzt nur nicht in die Falle tappen, etwa die Bemerkung aufgreifen und sich rechtfertigen wollen, etwa noch mit überschlagender Stimme. Dann hat er Sie genau da, wo er Sie haben will, in der Position der Schwäche. Atmen Sie einmal ruhig durch, lächeln Sie ihn mit Ihrem zauberhaftesten Blick an, und sagen Sie mit allem Schmelz in der Stimme, zu dem Sie fähig sind: „Lieber Herr Meier, lassen Sie uns bitte sachlich bleiben." Fahren Sie dann argumentativ fort. Wetten, dass der Respekt der anderen auf Ihrer Seite ist?! Grins, grins.

5. Platte mit Sprung. Vorschläge und Meinungen von Frauen werden in Konferenzen häufig und gern überhört. Statt mit dem Fuß aufzustampfen oder mit Stiften um sich zu werfen, probieren Sie doch einmal diese Methode aus: Wie eine kaputte Schallplatte wiederholen Sie Ihren Vorschlag, bis er endlich ernsthaft behandelt wird: „Können wir bitte über meinen Vorschlag abstimmen?", „Stimmen wir erst über meinen Vorschlag ab?", „Ich bitte Sie, jetzt über meinen Vorschlag abzustimmen." Und das Lächeln dabei nicht vergessen, sehr selbstbewusst, ein bisschen verständnisvoll für die kleinen Dummerchen, die nicht durchblicken. Aber unerbittlich. Grins.

6. Die Zauberfrage. Eignet sich vor allem für Vorgesetzte, die es oft gar nicht schätzen, von uns korrigiert oder gar kritisiert zu werden. Ein Beispiel – Ihr Vorgesetzter raunzt Sie an: „Mir gefällt nicht, wie Sie Ihre Berichte verfassen. So geht das nicht." Statt beleidigt einen Schmollmund zu machen oder ihm trotzig den Bericht über den Schädel zu ziehen, fragen Sie lächelnd, den Kopf anmutig etwas zur Seite gebeugt: „Was schlagen Sie vor, wie müsste der Bericht sein, dass er Ihnen gefällt?" Das fällt Ihnen aber schwer? Hallo, er ist der Boss, und er darf sagen, wie er sich Berichte vorstellt, die ihn glücklich machen.

Das Gleiche gilt, wenn Ihre Chefin mal wieder die Gehaltserhöhung abgelehnt hat. Statt zu schmollen, fragen Sie schwesterlich lächelnd (nennt man auch maliziös): „Was schlagen Sie vor, was kann ich tun, damit ich mir eine solche Gehaltserhöhung verdiene? Was fehlt? Was kann ich verbessern?" Hey, sie ist der Boss, soll sie sich doch Gedanken darüber machen. Sie wird dafür bezahlt, dass sie auch Ihr Potenzial entwickelt. Grins.

Und wenn alles nicht hilft? Dann siehe oben: Ein Schrei, durchdringend, der Tarzan Ehre machen würde ...

Über die Autorin

Sabine Asgodom ist Management-Trainerin, Spezialgebiet Selbstvermarktung. Sie hat als Autorin mit ihrem Bestseller „Eigenlob stimmt" den Begriff der Selbst-PR in Deutschland geprägt. 1999 gründete die ehemalige Journalistin (Eltern, Freundin, Cosmopolitan) ihr eigenes Unternehmen „ASGODOM LIVE" in München. Sie arbeitet als Trainerin für Unternehmen, Verbände und Seminaranbieter, coacht Führungskräfte aus Politik, Wirtschaft und Showbizz und tritt als Toprednerin auf Kongressen und Veranstaltungen in Deutschland, der Schweiz und Österreich auf. Zu ihren bekanntesten Büchern gehören „Balancing", „Erfolg ist sexy", „Greif nach den Sternen" und ihr erster Businessroman „Genug gejammert". Im Juli 2004 erscheint „Die zwölf Schlüssel zur Gelassenheit – So stoppen Sie den Stress", im September 2004 der zweite Businessroman „Setz dich durch – und schaff dir Freunde". Daneben schreibt sie monatlich in working@office – Magazin für modernes Büromanagement – eine Kolumne. Seit drei Jahren hat sie einen Lehrauftrag für Selbst-PR an der Berufsakademie Heidenheim. 2001 wurde sie mit dem „Excellence Award" von Unternehmen-Erfolg ausgezeichnet, 2002 erhielt sie den „Teaching Award in Gold" des Zentrums für Unternehmensführung (ZfU) in der Schweiz. Sabine Asgodom ist eine begeisterte Netzwerkfrau, sie ist Mitglied im Journalistinnenbund, bei den Bücherfrauen, im European Women's Management Development Network (EWMD), im Verein „Taten statt Worte", bei der Europäischen Akademie für Frauen in Berlin (EAF) und seit 25 Jahren im Eritrea-Hilfswerk für Deutschland.

Weitere Informationen: *www.asgodom.de*

Praktische Arbeitshilfen

So bringen Sie frischen Wind in Ihre Geschäftsbriefe!

Geschäftsbriefe sind die Visitenkarte eines Unternehmens. Deshalb sind Kundenorientierung und eine klare, überzeugende Sprache die entscheidenden Anforderungen an eine moderne und effiziente Geschäftskorrespondenz.

Jutta Sauer
Praxishandbuch Korrespondenz
Professionell, kundenorientiert und abwechslungsreich formulieren – Mit Vorgaben nach DIN 5008 und Musterbriefen von A bis Z
2004. 216 S. Br.
EUR 39,90
ISBN 3-409-12404-7

Veranstaltungsplanung umfassend und verständlich

Das Praxishandbuch Event Management ist ein Nachschlagewerk für alle, die im Office-Alltag für Veranstaltungen verantwortlich sind. Es zeigt, wie man erfolgreich, zeitsparend und budgetbewusst Veranstaltungen von A bis Z plant, organisiert und betreut – von der Außendiensttagung über den Messeauftritt, die Pressekonferenz, den Tag der offenen Tür, Workshops, Kongresse, Seminare, Weihnachtsfeiern usw.

Irmtraud Schmitt
Praxishandbuch Event Management
Das A-Z der perfekten Veranstaltungsorganisation
2004. Ca. 256 S. Br.
Ca. EUR 44,90
ISBN 3-409-12578-7

Chef und Assistentin – so werden Sie ein Dream Team!

In diesem Buch erhalten Sie Hinweise und Tipps für jeden Tag und viele Situationen, die Ihnen und Ihrem Chef die Zusammenarbeit erleichtern. Sie erhalten ein Nachschlagewerk, dass Ihnen in der Hektik des Alltags als Unterstützung dienen soll.

Sibylle May
Praxishandbuch Chefentlastung
Der Leitfaden für effizientes Zeitmanagement, Selbstmanagement und Informationsmanagement im Office
2004. Ca. 226 S. Br.
Ca. EUR 39,90
ISBN 3-409-12580-9

Änderungen vorbehalten. Stand: Juli 2004.
Erhältlich im Buchhandel oder beim Verlag.

Gabler Verlag · Abraham-Lincoln-Str. 46 · 65189 Wiesbaden · www.gabler.de